我是故宫“看门人”

单霁翔　著

中国大百科全书出版社

故宫博物院

CCTV

序言 / 我是故宫“看门人”

我于2012年1月来到故宫博物院工作。

故宫博物院拥有许多“世界之最”称号，如世界上规模最大、最完整的古代宫殿建筑群，世界上收藏中国文物最丰富、最珍贵的一座宝库，世界上每年接待观众数量最多的博物馆。

同一个地方，拥有这么多的“世界之最”称号，在这里工作怎能不让人充满自豪感、责任感？但是，当我真正成为一名故宫博物院员工，每天走在观众中间，设身处地体验他们的参观感受，这些“世界之最”竟然很难真正体会到。因为这些“世界之最”还没有完整地呈现出来，还有很多提升的空间。

故宫博物院的馆舍宏大，但是我看到大部分区域并未开放；故宫博物院的文物藏品丰富，但是我看到的是99%的文物藏品在库房里面沉睡，展出的文物不到1%；故宫博物院的观众最多，但是他们没有享受到应有的待遇。很多观众随着导游的小旗前行，听着不够专业的讲解；很多观众的参观流程就是看看皇帝坐在什么地方、躺在什么地方、在什么地方大婚，然后看看珍宝馆、钟表馆，在御花园休息一下，就走出了故宫博物院。在我看来，如此的参观体验只是“到此一游”而已。这座博物馆的魅力，我们并没有充分展示给观众。

一些“世界之最”是最重要的吗？它们很重要，但并不是最重要的。随着时代的发展，人们对于有品质的文化生活更加向往，故宫文化遗产资源究竟多大程度上为人们的现实生活做出了贡献，这可能才是最重要的。具体就一位观众而言，当他走出故宫博物院的时候，回顾这次难得的文化之旅究竟获得了什么，这可能才是最重要的。应该说，故宫博物院缺少的是“以人为本”的管理理念，不足的是人文关怀，因此必须要加以改变。

习近平总书记指出，“要系统梳理传统文化资源，让收藏在禁宫里的文物、陈列在广阔大地上的遗产、书写在古籍里的文字都活起来”。几年来，正是通过系统梳理传统文化资源，让文物“活起来”，我们才实现了故宫博物院事业的健康发展。

过去我们从事历史研究、考古研究、博物馆管理，往往把身边的文化遗产看作是远离当今社会的“过去的东西”，它们只是被观赏、被研究的对象。但让文物“活起来”，需要让文物重回人们的生活。只有让人们感受到这些文物对现实生活的意义，人们才会真正地呵护文化遗产。文化遗产才会有尊严、有魅力，而有尊严和魅力的文化遗产才能成为促进社会发展的积极力量。当文物成为促进社会发展积极力量的时候，才会惠及感召更多的民众，让更多的民众加入到文化遗产保护的行列，这才是一个良性的循环。

在我看来，定义一个好的博物馆，不是建一个高大的馆舍，而是一定要深入挖掘其文化资源，凝练出文化能量，举办好的展览、活动，让人们在生活中感受到博物馆对自己现实生活的意义。人们闲暇的时候愿意走进博物馆；走进博物馆还流连忘返，久久不愿离去；回去以后还念念不忘、一来再来的博物馆，才是一个好的博物馆。

“门”字里面写一个“活”字，成为“广阔”的“阔”，这是大家都知道的一个典故。在故宫博物院工作了7年多，我这个“看门人”所做的一切，都是为了将“活起来”的“活”字写入故宫的大门，让故宫文化遗产资源走近人们的生活，走向更广阔的空间。

单霁翔

2020年3月20日

壹 要把一个壮美的紫禁城完整地交给下一个 600 年

这里有多个名称，代表着不同的身份。

首先它叫紫禁城，是明、清两代的皇宫，是世界上最大规模、最完整的古代宫殿建筑群。

第二个名字叫故宫。1912 年 2 月清朝宣统皇帝宣布退位，因此有了故宫这个名称。今天在这里保存着历代文物藏品，成为世界上收藏中国文物最丰富、最珍贵的一座宝库。

第三个名称来得更晚，1924 年在冯玉祥发动的“北京政变”中，末代皇帝溥仪被驱逐出宫。从 1925 年 10 月 10 日开始，这里又有了一个新的名称——故宫博物院，成为一座对社会开放的公共文化设施。今天更成为世界上每年接待观众数量最多的博物馆。

自明永乐十八年（1420 年）建成算起，到 2020 年，紫禁城已有 600 年的历史。“要把一个壮美的紫禁城完整地交给下一个 600 年”，这是我们对社会的庄严承诺。

前仆后继：
历代“故宫人”的努力

一项事业要一代一代做下去，每一代都应该为后任的工作开展打下基础。这就是我所理解的“前仆后继”。故宫博物院成立于1925年，在近百年的发展中历经沧桑，发展到今天，能呈现出如此辉煌蓬勃的样貌，正是基于每一任院长和全体“故宫人”的不懈努力。

故宫博物院的第一任院长是易培基先生。

1924年11月溥仪被驱逐出宫后，北洋政府下令成立清室善后委员会，李石曾担任委员长，易培基先生为委员，负责接收故宫。易培基先生主持完成了故宫博物院的筹建工作，并于1929年2月被国民政府正式任命为故宫博物院首任院长。

在他担任院长的4年间，故宫博物院各项业务走上了正轨。他调整故宫博物院的组织机构，延聘著名专家、学者到院工作，整理，划分院藏文物与非文物，首次提出《完整故宫保管计划》。各种专题陈列室被开辟出来，古建筑得以整修，书画新库也兴建起来。他还创办印刷所，出版图书，创办《故宫周刊》，又陆续出版《故宫月刊》《故宫旬刊》等四五种期刊。在他的主持下，宫殿修葺、陈列展览、藏品保管及分类编目、文献整理及汇编出版、版本鉴定及编目、分类书库等各个方面都取得了比较突出的成就，故宫博物院有了较大的发展。1933年，日军攻陷山海关，国宝迁移被提上议事日程。易培基先生主持筹划了珍贵文物避敌南迁工作，为下一任院长的工作打下了基础。

故宫博物院的第二任院长是马衡先生。

马衡先生是近代中国博物馆事业的开拓者，也是故宫博物院事业的奠基者。早在 1924 年 11 月，他就受聘担任清室善后委员会顾问，参与清宫物品点查，筹建故宫博物院。他在故宫博物院工作长达 27 年，其间作为故宫博物院第二任院长，执掌故宫博物院 19 年。

他亲历了故宫博物院的创立和早期发展，是院史上一位功绩卓越的领导者。1925 年故宫博物院创建之初，马衡先生担任故宫博物院理事会理事、古物馆副馆长。他借鉴在北京大学的工作经验和方法，实际主持了古物馆的日常工作。他起草了《故宫博物院古物馆办事细则》，规范文物保管规章和提用流程，同时带领古物馆同人开展文物审查与鉴定，并亲自主持了铜器类文物的审查。这次审查是对院藏文物第一次较为系统的审查与鉴定，对相关文物的研究和展示起到了十分重要的作用。1931 年“九一八”事变后，故宫博物院奉命南迁文物。马衡先生带领古物馆同人全力投入文物的装箱工作。从沉重而珍贵的石鼓，到轻薄而脆弱的书画，文物以及档案 13 427 箱又 64 包，在夜以继日的工作中有条不紊地被安全装箱，陆续离开北平。

他的历史功绩主要归纳为两点：一是抗战时期护宝南迁和回归，二是解放战争时期护宝拒迁。

1933 年 7 月，易培基院长受“故宫盗宝案”所诬而辞职，马衡先生临危受命，代理故宫博物院院长，并于次年 4 月实授，负责全院事务。上任伊始，他立即组织开展对故宫博物院留北平文物的清点及南迁运沪文物的点收工作。此时故宫博物院外遇侵略者侵扰，内逢文物迁移的辗转颠沛，可谓是“危急存亡”之际。马衡先生于此时掌管故宫博物院，在纷乱的时局里为护佑国宝殚精竭虑。在他的领导下，故宫博物院的留北平文物和运沪文物得到了妥善的清点并被登记造册。

1937 年“七七”事变后，马衡先生又组织了故宫博物院南迁文物西迁。他亲赴多地考察选址，后又驻守重庆指导各办事处的工作。在国家岌岌可危的境地里，他顽强地守护着故宫这份珍贵的民族文化瑰宝。即使在动荡流离中仍不忘举办各类展览，如赴英参加伦敦“中国艺术国际展览会”，赴苏联参加莫斯科“中国艺术展览会”等，以传播民族精神，彰显中国抗战决心。抗战胜利后，他主持故宫博物院东归南京工作。故宫博物院的文物陆续北返，他开始接收清宫散佚文物、组织陈列展览，博物馆业务逐步恢复。

1948 年，国民党要将故宫博物院南京分院与北平故宫本院的文物运往台湾。马衡先生对装箱工作以“不要慌，不要求快”为由，拖延时间。最终，北平本院的文物一箱也没有被运走。

中华人民共和国成立后，马衡先生继续留任院长，引领故宫博物院迈进了新的时代。

1952 年，年逾七旬的马衡先生离开了故宫博物院。也正是在这一年，他将其所藏甲骨，碑帖等 400 余件珍贵文物捐赠给了他为之倾尽毕生心血的故宫博物院。

最令我动容的是，在生命的最后时刻，马衡先生仍静心于汉魏石经的整理研究。待郭沫若先生送来铜器拓本，他又全然不顾病痛，欣然对勘考证，以致病情加重。而在他去世后，子女又遵其遗愿将家中万余件拓片，书籍悉数捐赠给故宫博物院。斯人虽已远去，但他的品格与胸怀却已融入故宫精神，成为惠及后世的宝贵财富。

故宫博物院的第三任院长是吴仲超先生。

吴仲超先生是一位久经考验的革命家。在解放战争时期为党和人民征集保存了大量的珍贵文物。1954 年，中共华东局撤销，他来到故宫博物院主持院务工作。自此，他为故宫博物院在新时期的转型和发展披荆斩棘，无论是在社会主义建设初期还是进入改革开放时期，均取得了卓越的功绩，经受住了历史的考验。与他共同奋斗的一代“故宫人”在开创故宫博物院事业新局面的同时，也创造和积累了丰富的精神财富，形成了兼具时代共性和故宫博物院特色的优良传统。

在他上任之初，故宫博物院虽经中华人民共和国建立初期五年的发展，但突出问题也不少。为改变故宫博物院“垃圾成山”的环境面貌，他借助文化部和解放军的支援，开展了一场大扫除。据统计，这次对故宫的卫生大扫除，共运出垃圾，积土和乱砖等约 25 万立方米。同时又组织人力疏浚故宫河道，修缮河墙，绿化环境，改变了故宫博物院的院貌。20 世纪 60 年代溥仪来院参观时对故宫的卫生环境赞叹不已，可见该项环境治理工程的必要和成效。

在任 30 年间，吴仲超先生始终立足故宫博物院现状，坚持从实际出发，先调查研究查找突出问题，再经研究讨论形成解决方案，然后有计划，有步骤，有针对性地开展工作。这种勇往直前的革命精神和实事求是的管理方法值得我们学习和借鉴。针对“问题多”的现状，他抓住管理体制改革这一关键环节，率先对机构设置进行调整和完善。在原有保管部、陈列部、群工部以及几个专门委员会的基础上，增设学术、编辑出版、文物征集、文物审查、文物鉴别、文物修复等委员会，并增设古建修缮处、研究室、紫禁城出版社等业务部门。同时，着力推进故宫博物院古建修缮、文物保管、陈列展览和学术研究等各项工作的专业化进程。而且为配合机构的发展，不断修订和完善规章制度，不断加强和完善人员配备和人才建设。

吴仲超先生在古建保护、文物保管和陈列展览业务、人才管理方面所做出的一系列探索，都是具有开创性意义的，为日后故宫博物院的总体发展和具体业务奠定了基础。

在古建保护方面，20 世纪 50 年代，故宫博物院明确了“着重保养、重点修缮、全面规划、逐步实施”的修缮保护方针，以及“以预防为主，以防火为重点”的安全保护方针。截至“文化大革命”前，完成了一大批重点修缮工程。20 世纪 70 年代，又大规模修缮了中轴线前三殿、后三殿等殿宇的油饰，使重点区域建筑面貌有所改观。1974 年国务院批准《故宫博物院五年古建筑修缮规划》，根据这项规划，故宫博物院对午门雁翅楼、东南角楼、皇极殿、后三宫、钟粹宫、景仁宫、撷芳斋等多处建筑进行修缮和油饰，建筑风貌有了较大改观。此后故宫古建筑的保护和修缮进入常年维护，重在保护和保养。在历次古建保护和修缮进程中，吴仲超先生十分重视其科学性和合理性。例如，古建修缮应是“整旧如新”，还是“整旧如旧”“大体如旧”，针对这些不同观点，吴仲超先生除了组织院内外专家学者研究讨论外，还按各种思路制订方案，并进行试验性实践，逐渐摸索出一套适合故宫古建的修缮程序、技术和经验。

文物保管方面，为解决藏品底数不清的问题，吴仲超先生不顾各种争议，集中力量着手文物整理工作。1954—1957 年，制订以清理文物、处理非文物、紧缩库房、建立专库为内容的《整理历史积压库存物方案》以及《清理非文物物资暂行办法》，并参照 1925 年《故宫物品点查报告》和 1945 年《留院文物点收清册》，逐宫进行文物清点、鉴别、分类、建卡。这次整理，抢救出珍贵文物2876件，其中一级文物500余件（如商代三羊尊、宋徽宗《听琴图》等）。1960—1965年，按照有关规定，对藏品进行鉴别划级，建立健全院藏文物总登记账，并核实各文物专库的分类文物登记账。这项艰巨繁复的工作前后持续10余年，并最终形成了以故宫旧藏汇总而成的“故”字号文物登记账，以及1954年开始登记的“新”字号文物登记账合成的故宫博物院藏品总登记账，基本做到院藏文物有底有数。

陈列展览业务方面，吴仲超先生始终坚持科学管理的理念，将故宫博物院初步定位为集历史艺术、古建、宫廷三大体系于一体的综合型古代艺术博物馆。这一方针的确立基本上明确了此后30年间故宫古建保护和陈列展览的发展方向和基本格局，并影响至今。原状陈列与专题陈列相结合的陈列展览格局基本体现了综合型古代艺术博物馆的定位。如何根据故宫的特点做好陈列布局？吴仲超先生认为，紫禁城中轴线上的三大殿、后三宫以及西六宫设计为宫廷史迹原状陈列是十分合适的。那么是否所有宫殿建筑都做原状陈列？他指出，单一陈列布局显得单调，效果不好。因此，在内西路辟设历代艺术馆，在内东路及奉先殿辟设青铜等专馆陈列，在外东路辟设绘画馆和珍宝馆。这一陈列展览格局得到国内外专家学者和广大参观者的认同，而且这种展陈理念和格局沿承至今。

吴仲超先生始终秉持尊重知识、尊重人才的理念，排除各种干扰，将一大批知识分子、能工巧匠聚拢到故宫博物院。这种“兼收并蓄”“博采众长”的人才方针，一方面造就了故宫博物院学术思想的多元化格局，另一方面也形成了不拘一格吸纳人才的用人传统。吴仲超不折不扣地执行周恩来总理关于知识分子问题的重大指示，延揽了一大批知识分子，并坚持选好人、用好人、培养人、成就人的理念，提拔专家学者、培养业务骨干、调任专业人才。20世纪50年代，委任唐兰、陈万里、单士元分别主持学术委员会、陶瓷研究室和建筑研究室，为学术研究奠定基础；任命杨伯达、李鸿庆担任陈列部和保管部副主任，郑珉中、崔玉堂、纪中锐、魏松卿、黄天秀、冯先铭分任专业组长；调入王以坤、顾铁符、刘九庵、徐邦达、孙瀛洲、罗福颐、耿宝昌、乔友声、王文昶等文物鉴定专家补充人才队伍。他们将艺术理论、文献资料、文物藏品与宫廷历史相结合，或深化了以往的研究，或开辟了新的研究领域，或形成了新的研究方法，提升了故宫博物院在全国和世界的学术地位和影响力。

更值得一提的是，吴仲超先生始终立足故宫博物院业务的实际，在尊重和重用学者专家的同时，也极其重视文物修复技术人才的引进与培养。20世纪50年代，他陆续从全国各地调来文物修复方面的名家和能手，充实故宫博物院文物修整组的技术力量。上海的郑竹友、金仲鱼等临摹书画人才，苏杭等地的杨文彬、张耀选、孙承枝等裱画名家，京津冀一带的古德旺、赵振茂、金禹民等青铜修复专家等陆续集聚故宫博物院。为了保留和传承这些珍贵的传统手工技艺，吴仲超先生根据学科门类的特点制订人才培养规划，逐渐在文物修复领域形成“师徒传承”的保护和生产模式。今日故宫博物院能够在全国文物修复技术领域中处于遥遥领先的地位，这也得益于吴仲超先生的人才战略。

30年间，吴仲超先生对于知识分子和技术人才的保护和爱惜是有口皆碑的。他曾风趣地比喻：“保护专家要像保护稀有动物熊猫一样”，他还曾指出，“故宫这么大的博物院，多养几个‘秀才’没有什么坏处”。吴仲超先生视专家如国宝，待人才以真诚的远见和胸怀，为故宫博物院聚拢了一大批文物研究、文物鉴定、文物修复、古建保护诸领域的专家学者和技术人才，造就故宫博物院专家云集、人才辈出的局面，这一点值得我们永远感念。

吴仲超先生对故宫博物院有种油然而生的责任心。在他驻守故宫的30

年间，每年在新员工入职故宫博物院时都有一个入职仪式。大公共汽车把新员工拉到神武门外，在神武门广场里面列队，吴仲超先生会逐一跟新来的员工握手，然后就在神武门广场开欢迎大会。他宣读完国务院特别批准的文件后，把盖着红印的文件翻过来，面向大家。那个时候，你会觉得来故宫博物院工作是一种荣幸，有荣幸必然要有责任。

故宫博物院的第四任院长是张忠培先生。

回顾张忠培院长的治院理念、施政策略和宏伟规划，我感佩良多，获益匪浅。对于“怎样办有故宫博物院特色的博物院”“怎样保护好紫禁城建筑及其文物”“怎样运转好故宫博物院这个机构”“如何筹谋故宫博物院的长远发展”等一系列作为故宫博物院院长必须面对的问题，他以实际行动做出了完美的回答，用不懈地努力交给了我们一个完整的紫禁城。

怎样办有故宫博物院特色的博物院？这是故宫博物院院长必然面对的一个核心命题。张忠培先生自入院任职之初即对这一命题进行了深刻思考，并将宫廷历史、宫殿建筑、古代艺术作为构成故宫博物院特色的三项重要内容加以阐述，明确了故宫博物院的发展方向。

早在 1987 年，张忠培先生就明确指出，故宫博物院的优势就在“故宫”两字上，这个优势是历史形成、客观存在、不以人们意志为转移的。因此，故宫博物院的主要任务有两项：一是“保”，将故宫作为一个整体，安妥保存下去，这是一切工作的前提；二是“特”，利用故宫的优势，搞出故宫的特色。他用最简洁的“保”与“特”这两个字，概括了故宫博物院管理的两大核心问题。

如何保护好紫禁城建筑及其文物？这是故宫博物院院长必须承担的一个中心任务。在任期间，他始终恪守典守之职，视保护古建筑和文物的安全为故宫博物院的生命，视维护古建筑和文物的完整为故宫博物院的使命。秉持

看望张忠培先生（2014 年 1 月 29 日）

这些理念，他制定了完整地保护紫禁城及紫禁城文物体系的原则，并狠抓文物保护工作。一是通过限流、设计参观路线等着力解决防止破坏性开放问题；二是重新确定故宫保护范围，“紫禁城东、西、北三面护城河及其外沿以内和南面东西两侧护城河及其外沿以内”均重新划入；三是积极交涉抗战期间留存南京文物的事宜；四是研究制订藏品编目计划。张忠培先生多年来从事考古资料的发掘、整理和研究，形成了“学术研究之材料当为天下之公器”的理念，将之应用于故宫博物院文物藏品管理工作之中，这是富有远见的。目前，故宫博物院藏品大系的编纂及藏品目录的公布均秉承了这一理念。

怎样运转好故宫博物院这个机构？这是故宫博物院院长必须深思的一个关键问题。在职期间，他始终秉持解放思想、勇于创新的精神，狠抓管理体制改革，率先提出实行院长负责制，在全院推行岗位责任制，推动故宫博物院管理的科学化和规范化。

如何筹谋故宫博物院的长远发展？这是故宫博物院院长应当具备的一个重要素养。他始终以做强故宫博物院为职志，注重人才培养和学术研究，强调科学规划。他从完善人才知识结构入手，有计划地引进大批高等院校的专业人才。以 1988 年为例，故宫博物院共录用 8 位硕士研究生和 4 位本科生，这批职员大多来自北京大学、吉林大学、中国人民大学、中国社科院、中央美术学院等高等院校和科研机构，其专业主要集中于历史、考古和美术史等相关专业。经过多年的培养和成长，目前这批职员多数已成为中国文博领域的知名学者或文博单位的领导者。他从完善学术机构设置入手，开始实行专业技术职务任命制，并做了许多具有开创性的工作：设立故宫博物院学术委员会，并取得审批文博系统正、副高级专业职务的资格；推动研究室职能改革，将科研、科研管理和学术委员会办事机构三个职能集为一体；加强宫廷历史研究，组织国际学术会议，推动业务工作、学术研究和文化交流之间的联系。他从编制中长远规划入手，确立办院方针、原则和目标，并注重各部处具体规划与全院总体规划之间的配合与协调。《故宫博物院七年发展规划(1989—1995 年)》从全国重点文物保护单位及世界文化遗产保护与发展的视角，对故宫博物院各项主要业务进行规划设计。

在长期对故宫博物院发展方向的思考中，在关注全国文物保护工作的实践中，张忠培先生又提出了“完整故宫、安全故宫、历史故宫、学术故宫”的概念，为故宫博物院的长远发展指明了方向。

“不谋万世者，不足谋一时；不谋全局者，不足谋一域”。张忠培先生以考古学家的科学态度和严谨作风为故宫博物院的全局性发展谋篇布局，为故宫各项事业的发展奠定了坚实基础。

故宫博物院的第五位院长是郑欣淼先生。他是我的前任院长。

为了更好地保护故宫，2001 年 11 月 19 日，国务院召开“关于研究故宫古建筑维修和文物保护有关问题”会议，决定“整体修缮故宫”，这为故宫古建筑的完整保护提供了新的契机。在这一背景下，郑欣淼于 2002 年 10 月受命任文化部副部长兼故宫博物院院长，全面主持故宫博物院各项事务。

郑欣淼先生对如何认识故宫的价值和故宫博物院的内涵进行了研究与阐述。2003 年 3 月，在上海博物馆举办的国际博物馆馆长高层论坛上，郑欣淼先生做了题为“故宫的价值和故宫博物院的内涵”的讲演，从文物理念提升、古建筑价值判断、宫廷文化挖掘以及非物质文化遗产传承四方面梳理总结了故宫博物院近 80 年的历史经验，并以此为基础明确了故宫博物院的定位：故宫博物院不只是中国最大的文化艺术博物馆，而且是世界上极少数兼具艺术博物馆、建筑博物馆、历史博物馆、宫廷文化博物馆等特色，且符合国际公认的“原址保护”“原状陈列”基本原则的博物院和文化遗产。这一定位为故宫博物院的发展确定了方向，规划了重点。

此后，郑欣淼先生继续对故宫价值和故宫博物院内涵进行思考和探讨。2008 年 4 月 24 日，《光明日报》刊载了《故宫的价值与地位》一文，这是他在主持故宫博物院五年工作经验基础上对故宫价值和故宫博物院内涵进行的理论总结。他从“作为皇宫的故宫”“作为博物院的故宫”“作为世界文化遗产的故宫”“故宫学视野下的故宫”等四个角度梳理了认识故宫价值的四阶段，进而从“皇家收藏的国宝意义”“故宫博物院的国家象征”“文物南迁的民族记忆”以及“一宫两院的人文格局”等方面阐述了故宫文物的历史价值和文化意义，最后指出应以文化整体观看待故宫的建筑群、文物藏品和宫廷历史遗存。这些思考和总结不仅有助于更全面地看待故宫的价值，也为故宫博物院与台北故宫博物院开展交流合作找到了联系纽带，更为流散于海外的清宫旧藏找到一个学术归宿。

十年里，组织和实施好故宫古建筑修缮工程一直是故宫博物院事业发展的重中之重。为了故宫古建筑修缮工程的顺利进行，故宫博物院克服重重困难，不断探索实践，最终取得了骄人的成绩，对我国乃至世界文化遗产保护领域产生了深远影响。

在组织实施故宫古建筑修缮工程的同时，郑欣淼先生紧迫地感觉到必须对故宫博物院的文物藏品进行一次大规模的清理。因为，文物藏品是博物馆赖以存在以及开展业务活动的基础，藏品质量的高低和数量的多少是衡量一个博物馆地位及其作用的主要条件。弄清楚文物藏品的种类和数量，才能进行有效的保护，才能进行深入的研究，这是博物馆事业发展的首要基础，也是故宫博物院迈向世界一流博物馆进程中必须做好的重要任务。为此，他深入库房，查阅档案，撰写了 9000 余字的《关于故宫博物院彻底清理文物藏品的研究报告》。该报告系统梳理了自 1924 年清室善后委员会点查清宫物品以来的四次文物大清理，客观分析了进行彻底清理文物藏品所具备的条件，规划了彻底清理文物藏品的九项工作，并提出了将文物藏品清理工作与提升文物管理水平相结合的四点要求。

2004 年 10 月，故宫博物院编制了《故宫博物院 2004—2010 年藏品清理工作规划》，计划用 7 年时间对全院藏品及所有库房宫殿进行一次全面彻底的清查和整理，并开列了文物清理的工作内容和时间进度。截至 2010 年年底，故宫博物院完成了在册 94 万余件文物的账、卡、物三核对，完善名称、定级、计件及统计工作；完成了对在册或不在册文物资料进行整理，予以登记、造册，以及 180 122 件资料提升文物的工作。值得一提的是，此前院藏古籍、善本、书版等一直沿用图书馆的保管方法，未对其进行文物定级，也未按照文物要求加以管理。在此次文物清理过程中，

与张忠培先生、郑欣淼先生在一起（2016年10月8日）

图书馆对其管理的19个库房共计603 061余件（册、块、幅、包）藏品进行了彻底清理，共计整理文物564 713件、资料38 348件，并按照文物要求完成了相应账目的编制和录入工作，包括对近20万册古籍善本、特藏及院藏20多万块珍贵书版的整理、核对、定级、编目、登录工作。这是自1925年故宫博物院图书馆建立以来最全面、最彻底的一次大清点。

经过七年清理核对，故宫博物院完成了"摸清家底"的任务。据统计，故宫博物院有珍贵文物1 684 490件（套）、一般文物115 491件（套）、标本7577件（套），共计1 807 558件（套）。其中珍贵文物占全院文物总量的93.2%，占全国公藏珍贵文物总量的41.98%。七年文物清理，是故宫博物院开展的一项关于如何加强文物藏品保管能力、如何提高文物藏品利用水平的基础工作。七年文物清理，又是故宫博物院发起的一场关于如何看待文化遗产、如何认识故宫价值的理念创新。

从馆舍面积、藏品数量、观众数量等方面来看，故宫博物院可与卢浮宫博物馆、大英博物馆、大都会博物馆和克里姆林宫等世界著名博物馆相比。但从国际影响力来看，外人往往只知道故宫，却并不了解故宫博物院。为改变这种局面，郑欣淼院长带领故宫博物院进行了大量具有创建性的工作：以“文明对话”为桥梁，逐步打开与世界一流博物馆展开交流合作的途径；以“皇家文化”为主题，不断提升故宫文物展览的品质与内涵。与世界著名博物馆签署战略合作协议，实施互换展览、人员互访和项目交流等活动；与国家外交政策及文化战略实现对接，发挥故宫文物展览在弘扬中华文化艺术和提升中国软实力上的作用；与文物藏品构成特色、形成契合，不断提升故宫文物展览的品质、规模和影响。

由于历史的原因，故宫文物分隔海峡两岸，并由两个故宫博物院分别保管，形成了“一宫两院”的格局。但是两个故宫博物院都在挖掘故宫文物的历史文化内涵，以及推广中华文化艺术方面做出了不懈努力，并在国际博物馆界享有盛誉。基于虽有两个故宫博物院但只有一个故宫的中华民族文化认同感，也基于两个故宫博物院馆藏文物根出一源的事实，他在任内为推进与台北故宫博物院交往与合作做了大量工作，并取得了突破性成果。

在故宫博物院院长任内，郑欣淼先生的另一项开创性工作是倡导“故宫学”，并不遗余力地进行故宫学的理论探索与实践推广。“没有理论指导的实践是盲目的实践，不能应用的理论也不是真正的理论。”正是秉持这种精神，他对于故宫学的探索与建构，不局限于纯粹的理论内容，而是建立在对故宫价值和故宫博物院内涵的深刻认识之上。因此，在郑欣淼先生看来，故宫学不仅是一门学科、一种学问，而且是认识故宫价值的一个理念、指导故宫保护与博物院发展的一种方法。在阐释故宫学的学术理念、建构故宫学学科体系，以及总结故宫学理论方法的过程中，郑欣淼先生从多个层面积极推进故宫学学术平台的建设：设立研究机构，拓展故宫学学术研究平台；创设《故宫学刊》，建立故宫学学术传播平台；重视书籍出版，提升故宫学文化推广平台；联合高校办学，建立故宫学人才培养平台。

在故宫博物院工作的十年间，郑欣淼先生始终坚持以历史的分析态度，辩证地看待故宫博物院的历史经验，并形成其对故宫价值和故宫博物院内涵的判断以及故宫博物院管理理念的转变。基于对故宫文化整体性这一基本认识，他为故宫博物院规划了两条发展道路：以完整故宫保管理念指导文物保护及博物院管理的发展道路，在故宫学框架内推动学术研究及建构学科体系的发展道路。

总而言之，作为一院之长，郑欣淼先生长期对故宫价值和故宫博物院内涵所进行的探索与阐述，不仅为故宫博物院的内部工作明确了内容和方向，也为故宫博物院的事业开拓了视野和领域。他身上这种敏锐的洞察力和睿智的判断力，既得益于他长期积累的工作经验，也依赖于他持之以恒的研究态度。作为当代中国的一名政府官员，他长期从事文化工作，积累了大量经验，因此对故宫博物院的使命和功能有着准确的判断力。作为当代中国的文化学者，他一直笔耕不辍，在文化政策、文物保护及博物馆研究方面积累了相当多的研究成果。这些研究成果多数是对其工作的理论总结，具有很高的理论和实践价值。

郑欣淼院长担任故宫博物院院长的十年，我正好做了十年的国家文物局局长。郑院长当时老打电话给我，说文物局下属的单位还没有从故宫搬走。我虽然是局长，要落实这项工作也很艰难，但我还是努力争取落实。万万没想到，最后一家单位搬出故宫后的第二年，我就到故宫博物院当院长了。所以，我的体会是很深刻的、很具体的。我常拿这个例子开玩笑说，原本是替人解难，最终好事竟然落到了自己头上，看来以后更要多做好事。

除了历任故宫院长，我们还有最为可爱的“故宫人”。

故宫博物院有方方面面的人才，安全保卫、观众接待、藏品保管、业务研究、公众教育、文创开发等各领域工作人员，支撑和维系起一座博物馆正常有序的运转，使观众能够在博物馆感受舒适的参观体验和服务。在故宫博物院里工作的人都有一种称作“故宫人”的自觉，他们比一般人具有更加警觉的安全意识，对故宫有一种强烈的责任感和使命感，更重要的是，他们都对故宫博物院有着深沉的、难以割舍的感情。

从 1925 年建院到现在，“故宫人”经历过战乱的年代，也经历着和平的盛世。但无论是战乱还是和平，“故宫人”都致力于对文化遗产的保护、研究与传承。

我觉得，作为一名“故宫人”，每天在这座活着的文化之城、历史之城的浸染中，在代代相传、历久弥坚的故宫精神的滋养中，自然而然就会带有它的气息，让我们无论在何时何地，都会不自觉地透露出“故宫人”特有的气质。这是我和很多“故宫人”都深切感受到的奇妙体验，是我们的骄傲，更是责任所系、使命所在。

看护好故宫博物院的文物珍品，看护好故宫的古建筑群、看护好故宫世界文化遗产，传承和发扬“故宫精神”，这是我们每一代“故宫人”的职责所在，也是永恒的使命。紫禁城已经走过了 600 年岁月，积累了丰富的文化瑰宝。保护之余，我们希望能够用人们喜闻乐见的方式展示和解读传统文化，期望与观众的互动，让沉睡的文物“活起来”，为广大民众服务；我们希望把故宫博物院所拥有的优秀文化资源分享给公众，把故宫博物院蕴含和代表的优秀传统文化留给年轻人，留给未来。郑欣淼先生曾将“故宫人”的核心

与郑欣淼院长（前排左一），张忠培先生（后排左一）一起参加故宫大高玄殿修缮工程开工仪式

价值理念，即“故宫精神”的内涵概括为五个方面：典守珍护、敬业奉献、弘扬服务、开放创新、奋发和谐。核心是“以国宝为生命”，以铭记、传承老一辈“故宫人”爱国敬业、艰苦奋斗、无私奉献的优良传统，号召广大“故宫人”始终保持对故宫文化遗产保护事业的强烈责任心和高度使命感，以良好的工作作风为故宫博物院事业发展再创辉煌奠定基础。一代代“故宫人”将这种“故宫精神”不断丰富、传承，指引故宫博物院的发展方向。正是有了众多的这样的“故宫人”，才有了故宫博物院的今天。

故宫博物院有代表中华五千年文明的文物藏品，有 600 岁高龄的紫禁城宫殿，并即将迎来建院百年。在这样一座博物馆面前，我们只是年轻人。前文讲到，我们的责任就是看护好故宫博物院的文物藏品、看护好故宫的古建筑群、 看护好故宫世界文化遗产，让它们风采依旧、流传百世。这是每一任故宫博物院院长，乃至每一位“故宫人”的历史职责，也是我们的荣幸。

从“平安”到“点亮”：为了故宫的下一个600年

2018年的一场大火，巴西国家博物馆90%的文物被烧毁了。2019年的一场大火，世界文化遗产巴黎圣母院遭到重创。这都是人类文化的灾难。作为公共文化设施，博物馆做一切事情最重要的前提就是确保安全，既要保证观众的安全，也要保证文物的安全。

巴西国家博物馆是现代建筑，巴黎圣母院是砖制建筑，它们都发生了火灾，而故宫博物院是1200幢木结构的古建筑，防火的压力可想而知，可以说世界上没有一家博物馆能够比得上。1987年，景阳宫被雷击中了，局部建筑烧掉了，这是永远的痛。

除了防火，还有一个非常严峻的安全挑战就是防盗。故宫曾六次被盗。最近的一次是2011年，有人潜入故宫，把一些展品偷走了，引起了很大的社会反响。而我就是因为那个小偷才来做的“看门人”。我到任的时候，已经58岁了，我想只能再干两年，按照规定就要退休了，没想到一干就干了七年零三个月。

到任后，我们分析故宫到底存在什么隐患。我们进行了五个月的安全隐患排查，走遍了故宫9371间古建筑和现代库房、临时建筑，对每个房子都进行了登记、拍照，找安全隐患，并编制了一套“平安故宫”工程文本。里面详细记录了查到的七项隐患：火灾隐患、盗窃隐患、防震设施不健全、文物腐蚀的隐患、库房存在的隐患、市政基础设施的隐患、可能发生的观众踩踏隐患。这七项隐患客观存在，上报国务院以后，我们很快获得批准，启动了为时八年的“平安故宫”工程。

首先，建立了强大的新的安防系统，建立了五个中控室，里面有 65 面大屏幕，连接着 3300 个高清晰的摄像头。

如果说新建一个现代化的博物馆， 有一个中控室、 几百个摄像头就够了，那么故宫这么大的面积，这么复杂的地形、地貌，就需要更加强大的安防系统。我们加强了对故宫世界文化遗产的监测，动态的、静态的、物质的、非物质的、可移动的、不可移动的、24 小时进行监测，还在展台、展柜下面做了防震的设施，加强防震。

特别是我们把所有的文物都装入囊匣，再装入密集柜，把它们更加妥善地保护起来。同时合理布置高压消火栓的位置和数量，并配备必要的防雷设施。

在平缓开阔地方，雷会经常“光顾”，因此要不断地提升防雷设施的水平，增加日常的监测频率。消防装备也是必要的设施，我们研发先进的、大型的消防装备，同时因为故宫里有很多小巷、小庭院，大型的消防装备无法进入，因此还研发了很多专用的小型消防装备。年轻员工一代一代组成了义务消防队，经常进行集训，全体员工都要参加消防运动会，进行消防技能演练，提高消防意识。

同时，每年我们都举办大型的消防演习。在“实战演习”中演练一旦发

消防演习（2016 年 10 月 10 日）

生火灾，如何把“伤员”和“文物”及时抢救出来。除了消防战士要演习，机器人也要演习，做到能够准确地冲入火海，先把明火灭掉。这些演习使我们能够时刻保持战备状态。

但更重要的是要预防性地保护。我们应该把故宫博物院清理得干干净净，消除所有的安全隐患。为此我们启动了为时三年的环境整治。故宫博物院的员工经过三年艰苦的努力，对室内十项内容、室外十二项内容进行了整治。

室内：

（1）清理那些还没有登记的、散落在各个房间的文物。因为有些不好编目，有些没有确定类别，都堆在各个房间，堆了很长时间，没有进入馆藏，所以要把这些文物清理出来。

（2）清理散落的古建筑附属构件。一些汉白玉构件已经严重风化，一些帘子坠已经锈蚀，一些铜门钉、铁门闩堆在一起，既没有得到保护，又占据很多室内空间。这些构件经过清理，应该包装存储的就保管起来，可以继续使用的就合理利用起来。

（3）清理门窗。从前卸下的很多门窗堆放在通道和室内，没有把它们当作文物，其实它们是古建筑非常重要的组成部分，于是我们建立了古建筑馆，把它们修好以后进行展示。

（4）清理箱子。200 多个房间都堆着大箱子，其实那些箱子里面什么都没有，就是因为 20 世纪八九十年代建了两期地下库房，把箱子里面 97 万件文物拿出来存入了地下库房，原来的箱子就放在各个室内，樟木的、紫檀的、皮革的，它们也是很好的文物，带着历史信息，应该很好地保存。我们建了三个大型库房存储箱子，然后把 200 多个古建筑腾出来。

（5）建立织绣库房。炕上、地上堆的那些被子、褥子、毯子、毡子、门帘子，这些都是古人使用过的东西，一直堆在那儿。因为不能带菌收藏，我们把几十个屋子里面的织绣进行了熏蒸，建了大型的织绣库房保存起来，又腾出好多房间。

（6）清理展柜等展览设备。以往一些展览结束以后，就把展柜，展具等往空屋子里一堆，加以存放，时间长了早已被遗忘，随着展览水平的提升，这些展具也不可能再使用，但是占用了很多空间，清理以后腾出了大量房间。

（7）清理杂物。敝帚自珍，使用过的一些凳子、椅子、桌子、沙发、运动器材，舍不得处理，占了很多空间，时间长了逐渐失去了利用价值。但是毕竟是国有资产，不能随意处置。于是把这些物品集中在英华殿北侧的庭院里，各单位前来挑选，需要的话登记领走。结果没有单位领走，也就只好办理手续进行处理，又腾出不少房间。

（8）清理多年没有进去的房间。这些房间的地上积下厚厚的浮土，存在非常严重的安全隐患。同时对古建筑保护，特别是地面保护也非常不利。现在我们把所有房间都收拾得干干净净，逐步实现开放或合理利用起来。

（9）清理不可移动的家具。这些家具与古建筑连在一起，数量最多的是床具，即古代人睡觉的炕，常年闲置在那里，有的已经糟朽，有的床具上面堆着一些东西，有的床具上面还铺着古时的炕席、褥子，但是缺乏维护。现在我们把这些与建筑连在一起的家具修复好，条件具备时进行原状陈列。

（10）清理挂屏和贴落。在不少房间内的墙上有遗留的书法、绘画作品，具有珍贵的历史和艺术价值，但是为了保持原状，都没有取下来专门保管。实际上这些书画作品寿命较短，不应长期保存在原处。于是，我们将文物书画进行修护，将高仿复制书画长期陈列。

经过三年大清理，把几千间房子清理得干干净净，为如今故宫开放区域达到 80% 打下了基础。

相比室内清理，室外的清理更加艰苦，我们进行了 12 项清理：

（1）清除火灾隐患。非开放区的一些地方堆积着树枝、树叶、杂物，是非常严重的火灾隐患，经过全员参加的大扫除，已经全部清理干净。

（2）清理地面杂草。故宫老员工很有经验，说走进杂草前要大喊两声，让小动物先跑，再进去。这样我们把没膝的杂草进行了清理。

（3）清点石刻构件。以往古建筑维修后，石刻构件堆放在院子里，日积月累几十个院子都堆着石刻构件。我们把这些石刻构件清点出来，在东华门下建起了石刻构件保护展示园区，把它们展示出来，观众可以参观，专家可以研究。

（4）清理室外杂物。一些屋檐下、通道内常年堆放着杂物，可能很早以前就堆在那儿了。我们把这些都给清理干净。慈宁宫花园东侧的广场上堆放着大量杂物，如今腾出的空地用于举办春天的牡丹花展、秋天的菊花展等室外展览，成为观众喜爱的参观场所。

（5）清除屋顶杂草。古建筑屋顶上长了好多杂草，这些杂草要生存，就把根扎在瓦里面，瓦被拱松动了，雨水灌进去，屋架就会糟朽。我们下决心向杂草宣战，用了两年的时间来清除杂草。今天故宫城墙也开放了，大家站在城墙上就会发现，紫禁城 1200 栋建筑上面，没有任何一根杂草。

（6）整治裸露电线。很多火灾是由于电线、电器漏电引发的。过去电线、电器安装不规范，存在严重安全隐患，为此进行了集中清理整治。

（7）清理市政管线。明清时期，紫禁城里当然没有市政管线，也就没有它们的路由。今天作为现代化的博物馆，需要安装电力、电信、上水、下水、热力，以及大量消防、安防等各类管线，于是长期以来，市政管道穿越红墙，穿越古建筑，在内金水河上有数百根市政管线横跨河道两侧，粗粗的热力管道则占据一些古建筑通道，这是非常尴尬的状态，既不能开挖古建筑墙根把它们埋在下面，又不能将它们架在空中。为了解决这个“老大难”的问题，我们前后用了两年半的时间，反复设计与论证，最终获得了批准，我们采取盾构的方式，在宫墙以外远离古建筑的位置，在地下 8 米到 14 米的地方，躲过文化层建设两个断面上千米的市政共同沟，把各类管线全部入地，再也不用开挖故宫内的地面，再也不用穿越古建筑。几年来，故宫博物院白天正常开放，夜间却在施工。往外运土，往里运材料，每天早上清扫场地，干干净净迎接观众参观。

（8）提升广场地面。明清时期紫禁城内建设了完善的排水系统，因此长期以来“故宫不积水”成为值得骄傲的话题。但是，由于过去一些广场地面用水泥砖铺装，没有做好排水，下雨后还是会造成积水。还有的广场上埋设市政管道以后用水泥一抹，好似在地面上打了补丁，坑坑洼洼。针对这些问题，我们重新做好排水，并用砖、石等传统建材把地面做平。故宫博物院可以骄傲地对社会宣布，北京地区无论下多大的雨，紫禁城内都不会积水。

（9）改善保护措施。一些开放区域的保护设施不讲究，例如在御花园里，为保护盆景、石雕，用铜栏杆、铁栏杆围住，地面是裸露的土地，一旦刮风的时候，灰尘弥漫。于是，我们把这些铜栏杆、铁栏杆拆掉，再用绿植把地面封护起来，这样不但保护了盆景、石雕，而且维护了地面，也使整个御花园的景观环境得到了改善。

（10）提升施工环境。施工单位在施工的时候将施工场地用铁板一围，丝毫不顾及与周围环境是否协调。于是，故宫博物院统一设计了施工围挡。例如在修复地面时，使用空透的围挡，人们可以了解施工的状况，同时用图版向观众展示正在使用什么样的工艺、工具来进行维修保护，普及文物保护知识。

（11）“去商业化”。长期以来，观众集中走在故宫中轴线区域，于是

考察院内环境（2014 年 12 月 30 日）

太和门、乾清门、隆宗门、景运门等门洞内都有经营销售设施，严重影响了人们观赏壮美古建筑群的效果和感受。例如人们来到乾清门，自动讲解器就会告诉观众，这里是清代皇帝每天上早朝的地点，但是观众向西侧一看是故宫商店，向东侧一看也是故宫商店，如何体会历史情境？于是我们进行了整治，恢复了历史原貌。再如隆宗门曾经是观众餐厅，冬天冷、夏天热，雾霾日子来了更不卫生。于是我们进行了整治，开放了隆宗门。再有就是御花园，观众来到这里已经累了、渴了，于是商店里就卖汉堡、烤肠、爆米花等食品，

考察院内环境（2017 年 5 月 29 日）

人们购买以后就地吃喝，一到中午御花园就像是个大餐厅，空气中弥漫着烤肠和爆米花的味道，观众难以体验古典园林的意境。为此，我们把经营食品的项目全部撤离了御花园区域，恢复了古典园林往昔的文化氛围。

（12）清理临时建筑。几十年来，故宫博物院内积累下来历年建设的 135 栋临时建筑，其中最危险的有 59 处彩钢房。这种建筑两个星期就可以搭建好，但是其材料不阻燃，一旦着火会迅速燃烧。这 59 处彩钢房留在古建筑群内非常危险，因此我们先向它们"宣战"。我和公安部消防局的领导，先把午门雁翅楼下面宣传教育部的彩钢房拉倒了，故宫博物院各个部门的一把手都来"观战"。之所以这么做，是因为各部门几乎都有要拆除的临时建筑，这是个信号，告诉他们回去以后赶快收拾东西，抓紧拆除清理。

资料信息部已经使用8年的彩钢房办公室被拆掉了，行政处600人吃饭的彩钢房大食堂被拆掉了，13排彩钢房办公区被拆掉了，古建部的彩钢房库房、宫廷部的彩钢房库房区也都被拆掉了。在西部区域，审计室、基建办公室、预算处3个部门办公的彩钢房区全部都被拆掉了。2016年院庆当天大家齐心合力，把南三所内最后一栋彩钢房拆掉了。

更多需要拆除的是临时建筑。例如过去盖一个车库，这边搭在红墙上，那边搭在古建筑上，需要整治。过去故宫博物院内有职工浴室，职工维修保护古建筑后洗个澡，干干净净地回家。浴室就搭在古建筑一侧，非常危险，于是我们号召全体员工都回家淋浴，然后把浴室拆掉了。南三所是古代皇子生活的地方，整整齐齐的9组院落，绿琉璃瓦非常漂亮，但是这里一直被7栋花房围绕，几十年来老员工们都没有看到过南三所是什么样子。于是故宫博物院在海淀区的西北旺镇建设了故宫古典花卉养植中心，盖了温室大棚，然后把花卉集中在那里养殖。初春的时候花卉被送到故宫各个庭院，深秋的时候又把它们送回花卉养植中心。在此基础上，拆除了花房，人们终于看到久违的南三所景观。

最为艰苦的是对三处最脏乱差的环境进行的彻底整治。这三处分别是西河沿区域、南大库区域和内务府区域。在故宫里面为什么会有这样脏乱差的环境呢？主要是清朝末年后，中华人民共和国成立之前，故宫古建筑失修失管，一些区域古建筑损毁后就没有再修复，变为空地，之后上面堆物堆料，没有得到合理利用，也存在着安全隐患。

（1）西河沿区域。内金水河西侧数百米长的地带，几十年来在上面堆着很多木材，是木材加工和储存的地方。我们用三年的时间进行清理以后，地面古建筑的景观得到了恢复，还建成了现代化的故宫文物医院。

（2）南大库区域。过去这个区域是建筑材料存放地点，也是进行材料

白天是景观，晚上可照明

加工的地方，环境十分杂乱。特别是午门雁翅楼展区开放以后，南大库区域严重影响了故宫景观。为此，搬迁了南大库区域的材料库房，以及武警食堂、国家文物局文物交流中心库房，对古建筑进行了维修保护和恢复建设，完整修复了历史景观。如今南大库已经成为观众喜爱的故宫博物院家具馆。

（3）内务府区域。这一区域规模很大，地下是 20 世纪 80 年代和 90 年代修建的地下库房，地面古建筑早已无存，长期以来在这里搭建大量施工单位的临时建筑，停放施工车辆，堆放搭建施工脚手架用木材和铁管，进行清理以后，地下部分进行文物库房扩建，地上逐渐恢复历史景观。

总之，在故宫博物院全体员工共同努力下，经过三年艰苦卓绝的环境整治，故宫的面貌从内到外得以全面改观。

故宫井盖做平后

我们终于兑现了一个庄严承诺，7 年前故宫博物院对社会宣布，要“把一个壮美的紫禁城完整地交给下一个 600 年”。我们实现了这一目标。紫禁城是 1420 年在明代永乐皇帝手中建成的，2020 年迎来 600 岁生日。我们希望人们再次走进故宫博物院时，看到的只有壮美的古代建筑，没有任何一栋影响安全、影响环境的现代建筑。

但是，作为一名观众，走在故宫博物院里，更加关注的是自己的脚下和周围的环境，因此不仅需要环境整治，还要进行环境提升。

故宫博物院花费了两年半的时间来提升整体环境。为什么要用两年半时间呢？以井盖为例，广场上、通道上有许多高高低低的井盖，人们参观时还要留神脚下，尤其是残障人士轮椅、婴儿轮椅走上去很危险。把井盖做平似

与故宫环卫工人在一起

乎很容易，但是真正做起来才知道难度。要做平这些井盖，先要做好统计，然后进行申报，经过有关市政部门批准，才能把 1750 个井盖改换为平平整整的“故宫井盖”。过去，故宫内道路两侧的绿地用铁栏杆或绿篱围起来加以保护，其实这种办法并不好，由于不便养护，绿地状况不佳。如今上千延长米的铁栏杆都被拆除，绿地反倒养护得更好。同时，近年来把故宫内的 300 根灯杆，也换成了 300 盏宫灯，这样白天也是景观，晚上又可以照明。

为了整体提升环境，故宫博物院付出了艰苦的努力。我们体会到，无论是井盖平整、绿地养护，还是照明改善，都是很简单的事情，但是放大到故宫这个宏大空间里，就成为不简单的事情，需要花费很大的气力，需要持之以恒、锲而不舍的态度和精神。

良好的环境卫生需要日常保持。过去开放区的地上总是有垃圾：矿泉水瓶、冰棍杆、餐巾纸、废票根……起初我们每天在故宫里行走，总要弯腰捡垃圾，从神武门走到午门往往都会弯腰十几次、几十次，于是故宫博物院重新制定了招标文件，上面明确规定一片垃圾落地两分钟之内，物业公司的员工要负责清扫。这么严苛的条件，还是有公司参与应标，中标的公司是中航大北物业。实施下来，最受益的就是中标公司的物业员工，因为当他们把地面清扫干净，地上没有一片垃圾的时候，就没有人再忍心扔垃圾。没有第一片垃圾，就没有第二片，他们的工作量大大减少了，故宫博物院也实现了整体清洁的目标。事实上，环境是能影响人的，当观众进入整体清洁的环境，就会自觉爱护故宫的古建筑，爱护这里的一草一木，不再会有人在红墙上刻画，不再会有人攀爬古典园林内的假山。

总之，我们希望通过不懈努力，使人们再到故宫博物院参观时，看到的是绿地、蓝天、红墙、黄瓦的美景。现在除了蓝天在个别的日子里还没有实现，其他都已经做到了。近年来在北京看到蓝天的日子也越来越多，灿烂阳光下红墙黄瓦的紫禁城格外迷人，充满魅力。

但是，故宫博物院还有与其他博物馆不同的地方，就是人们从一个展厅到另一个展厅要经过室外的空间，因此室内室外应该是一个连续美好的参观过程。为此我们也不断进行环境美化，希望人们在这里，春天可以看牡丹，夏天可以看荷花，秋天可以看银杏，冬天可以看蜡梅。到哪儿去找呢？故宫博物院制作了“寻花图”，当人们打开手机就可以知道什么花卉在什么地方开放。

点亮后的太和殿藻井

在室内照明方面，我们也有很多心得体会。从前人们抱怨故宫的层层大殿都是黑黑的，天气越亮里面越黑，不能把它们照亮吗？长期以来总需要耐心地向观众解释，这些宫殿都是木结构古建筑，因此不能通电源，殿堂里面陈列的物品都是古物，特别是纸质的、织绣的物品不能长期灯光照射。虽然这些说法很有道理，但是观众确实很不方便，人们站在大殿栏杆外，里三层外三层，老人往里面挤，孩子也往里面挤，每天都这样，真的不能改变这种状况吗？为解决这一“老大难”问题，我们进行了研发，选择了LED的冷光源。这种光源不发热，不是一个个灯泡照射，而是一组组光源散射，而且灯具不是挂在古建筑上，而是远离古建筑2.5米以上，用石质的灯座加以固定，开灯的时候两侧各有一名员工值守。再用测光表反复测量敏感部位的光线，保证不超标。我们针对不同的殿堂，设计了不同的室内光线，使之达到最好的视觉效果。经过前前后后一年半的研发，终于实现了“点亮紫禁城”。如今太和殿被点亮了，过去看太和殿的藻井几乎看不见，点亮以后看得清楚了。中和殿、保和殿、乾清宫、交泰殿全都被点亮了。这些原状陈列的殿堂，过去按规定每三个月必须系统除尘保洁一次，但是现在每两个星期就要做一回。因为观众看得更清楚了，不加强保洁就全都“露馅儿”了，这激励我们把除尘保洁做得更好。这件事也提示我们，只有人们获得了文物保护的知情权和监督权，文物才能得到更好的保护。

贰 要看你的珍贵文物有多少

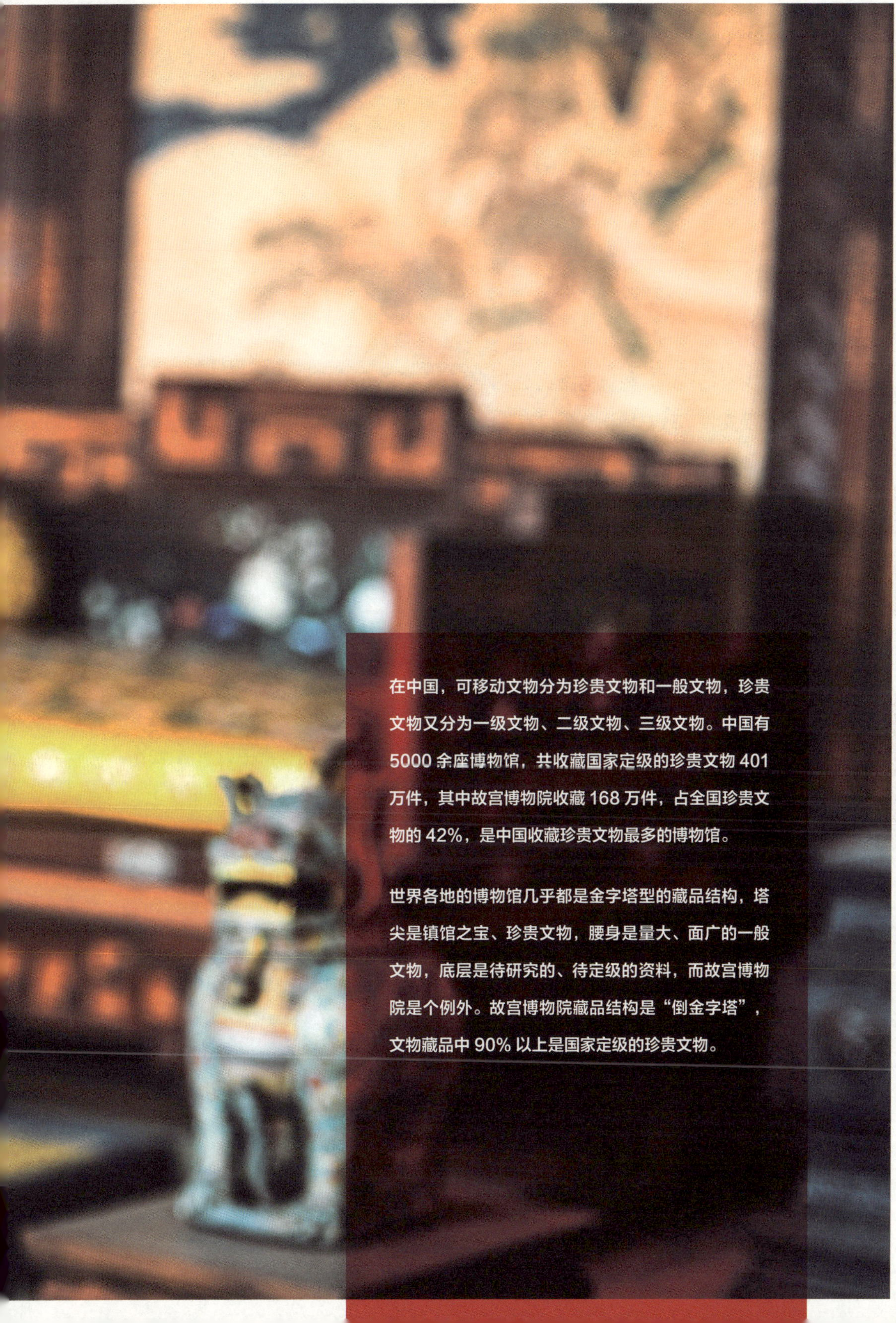

在中国，可移动文物分为珍贵文物和一般文物，珍贵文物又分为一级文物、二级文物、三级文物。中国有5000余座博物馆，共收藏国家定级的珍贵文物401万件，其中故宫博物院收藏168万件，占全国珍贵文物的42%，是中国收藏珍贵文物最多的博物馆。

世界各地的博物馆几乎都是金字塔型的藏品结构，塔尖是镇馆之宝、珍贵文物，腰身是量大、面广的一般文物，底层是待研究的、待定级的资料，而故宫博物院是个例外。故宫博物院藏品结构是“倒金字塔”，文物藏品中90%以上是国家定级的珍贵文物。

故宫有多少“家底”

大家都知道，故宫博物院是座博物馆，既然是博物馆，那么就要有自己的馆藏文物。故宫博物院不仅有明清两朝帝王收藏的历朝历代的稀世精品，也有故宫博物院建立以后特别是中华人民共和国成立以后新征集来的散落于各地的稀世精品。所以，一直以来，我们都清楚，故宫的家底相当丰厚。与此同时，新征集来的文物藏品不断增加，每年都有所变化。这就需要我们进行清理、整理。

文物藏品清理是博物馆的基础工作。故宫博物院的清宫遗物数量巨大、种类繁多、储存分散，所以彻底摸清文物藏品家底是历代“故宫人”的不懈追求。

早在 1934 年，马衡院长在呈行政院及本院理事会的报告中就曾明确指出，文物藏品整理“非有根本改进之决心，难树永久不拔之基础”。事实上，只要工作秩序正常，故宫博物院的文物清理就一直没有停止过。历史上，故宫博物院曾在 1924 年至 1930 年、1954 年至 1960 年、1978 年至 20 世纪 80 年代末，以及 1991 年后，分别进行过 4 次文物清理工作。

第一次文物清理后，编纂的 6 编 28 册《故宫物品点查报告》中，总共登记了 117 万余件物品。

中华人民共和国成立以后，文物藏品清理工作的任务更为艰巨，除了原有文物藏品外，还要清理包括从其他博物馆和文物部门调来的不少文物藏品、大量个人捐赠，以及收集的许多流散在外的故宫旧藏。

到了 1990 年和 1997 年，故宫博物院先后建成了一期、二期地下库房，原存放于地上库房的 90 余万件文物藏品陆续搬到了地下库房，保管在地面库房的文物藏品也进行了妥善调整。

2002 年郑欣淼院长到任后，故宫博物院于 2004—2010 年又开展了第 5 次文物藏品清理，也是更为全面的一次文物清理工作。这次文物藏品清理持续了 7 年，是建院以来规模最大的一次。经过全面系统的普查整理，故宫博物院的文物藏品数量从近 100 万件增加到了 1 807 558 件（套），其中珍贵文物 1 684 490 件、一般文物 115 491 件、标本 7577 件。这是故宫博物院自建院以来，在文物藏品数量上第一个全面而科学的数字。所以我第一天上任时，就得以知道，故宫博物院的文物数量是 1 807 558 件。

长期以来，故宫文物藏品的完整信息从未向社会公布，致使不仅社会公众，即使是一些专业研究人员对故宫文物藏品的整体情况也不甚了解。2010 年以来，在文物藏品清理的基础上，故宫博物院启动编印《故宫文物藏品总目》，出版《故宫博物院藏品大系》陆续分类出版，向社会公开发行，服务于人们研究和观赏的需要，践行博物馆公众教育和社会服务的使命。

经过几代“故宫人”的努力，故宫博物院文物藏品基本上做到了管理制度健全、账物相符、鉴定准确、档案完善、备案及时、保管妥善、查用方便，

故宫博物院网站上的藏品总目

真正做到了实物和目录一一对应。所以在 2013 年年初，我们对外公布了故宫博物院的文物藏品总目，把这份数字和藏品的信息向社会公开，这对公众来说是“亮家底”，让大家知道故宫博物院究竟都有哪些藏品，同时也是接受社会监督，让社会评价一下我们的工作；对学术界、专业研究人员来说，我们公开了故宫博物院的学术资源，这样就更方便他们开展各方面的研究。

紧接着，在国务院启动全国第一次可移动文物普查的背景下，故宫博物院又于 2014—2016 年开展了“三年藏品清理”，得到了新的馆藏文物数据：

截至 2016 年 12 月 31 日，故宫博物院文物藏品总数由 1 807 558 件（套）上升至 1 862 690 件（套），其中珍贵文物 1 683 336 件、一般文物 163 969 件、标本 15 385 件。

对比 2010 年的数据，文物藏品多了 55 132 件。如果按门类分，其中三类文物藏品增加数量最大，包括：乾隆御稿与尺牍 726 件、甲骨类文物 16 511 件、陶瓷类文物 4425 件、标本 7808 件。它们有些是历年新征集的，有些是各界人士捐赠的，还有相当数量是在藏品清理过程中新发现的。这 186 万余件文物，可以说是体系完备、涵盖古今、品质精良、品类丰富。

在参观过程中，有一些观众会有这样的误解：故宫文物藏品都是清朝的。实际上，故宫博物院藏品是各个时期、各个地域的文物汇集，即使是清朝皇帝的收藏，往往也都是历史悠久的前朝文物。

186 万余件文物以文物类藏品、古建类藏品和古籍文献藏品为主。古建类藏品自不必说，以古籍文献来说，故宫收藏有约 60 万件古籍文献，包括武英殿刻本、元明清佳刻、明清抄本、地方志、宫中特藏、宫中档案、内府戏本、民族文字古籍等。这其中有 24 万件书版非常重要，所以故宫博物院也是世界上收藏书版文物最多的博物馆。

古建类藏品和古籍文献藏品，加上文物类藏品的 23 个品类，构成了故宫博物院的全部 25 类藏品。这个分类的方法，既考虑到了藏品的质地，又考虑到了藏品的用途，它是一种综合了二者的分类方法，在全国博物馆藏品分类体系中，它的类别数量应该是最为全面的，它的分类方法应该也是最有特点的。这主要还是因为我们的藏品确实数量非常巨大，而且种类相当丰富。

23 类文物类藏品

文物类藏品有 23 个品类：陶瓷、绘画、法书、铭刻、青铜器、玺印、织绣、文房用品、家具、钟表仪器、珐琅、漆器、雕塑、金银锡器、玉石器、玻璃器、竹木牙角匏、宫廷宗教、首饰、武备仪仗、音乐戏曲、生活用具、外国文物。

（1）陶瓷藏品。故宫博物院是我国收藏陶瓷藏品数量最多的博物馆，该类藏品有 36 万余件。此外，故宫还收藏有数千件陶瓷方面的实物资料和 3 万多片瓷片标本，这些标本都是中华人民共和国成立以来故宫研究人员从全国多达 150 多个重要窑口采集到的。可以说，故宫博物院所藏的中国古代陶瓷可谓是自成体系，较为全面地反映了中国陶瓷生产绵延不断的历史，尤其是所藏的宋代五大名窑及明清官窑瓷器，无论在数量上还是在质量上均称得上是世界首屈一指。

（2）绘画藏品。在绘画方面，我们一共有将近 53 000 件藏品，包括《五牛图》《清明上河图》《千里江山图》等传世名作。故宫博物院的绘画收藏以明清宫廷旧藏为基础。清代尤其是乾隆时期，内廷收藏的历朝名画数量极大，可谓盛极一时。但随着清末的社会动荡，一些书画也随之流散出宫。这之后，随着古物南迁，一部分文物被运往台湾省，到 1949 年时故宫博物院所藏书画已经大为减少。

中华人民共和国成立以来，在国家的重视与大力支持下，国家文物局在

20 世纪 50 年代先后通过清查、整理、调拨、接收等各种方式，将收集的书画作品分数次拨交给了故宫博物院，这其中也包括国家花重金从境外购回的珍品。许多国内外的爱国收藏家也将秘藏无私捐赠出来，使得故宫书画馆藏大为丰富。同时，故宫博物院通过坚持不懈地收购和征集，发现并入藏了一大批绘画精品。加之自 20 世纪 90 年代起逐渐兴起了艺术品拍卖，使得一些绘画珍品在历经沧桑劫难后终于又回到了故宫博物院。故宫博物院的绘画藏品水平在全国可以说也是首屈一指，几乎囊括了中国绘画发展各历史时期的名家名品，而绘画藏品也算得上是故宫博物院艺术藏品的重中之重。

（3）法书藏品。故宫博物院有法书约 75 000 件。有的人可能会问，不是一直都叫书法吗？怎么又叫它法书？实际上，法书和书法是不同的。法书是对古代名家墨迹的尊称，包含着书法作品之楷模的意思。在明清两朝，宫廷内府中集中收藏了历朝历代的法书作品，这在康熙时编纂的《佩文斋书画谱》和乾隆、嘉庆时编纂的《石渠宝笈》三编均有著录。20 世纪初清帝退位前后，部分法书流散而出。中华人民共和国成立前，一部分法书又被国民党当局运到了台湾省，现在被保存于台北故宫博物院。20 世纪 50 年代以来，在政府的关怀和诸如张伯驹、陈叔通、朱文均、罗福颐等收藏家的贡献下，众多法书精品重回紫禁城，故宫的书法宝库得以重建。包括神龙本《兰亭序》《中秋帖》《伯远帖》等法书精品，成为故宫博物院极其重要的文物藏品。

（4）铭刻藏品。有文字的文物比没有文字的文物更加珍贵，因此故宫博物院所藏的 33 000 件铭刻是非常重要的一类文物。“铭刻”一词包含了铭文和镌刻这两个方面的内容，其中包括了商代的甲骨刻辞、商周的铜器铭文，以及自战国、秦、汉以来的印章、砖瓦、陶器、封泥、刻石、碑和帖等。其上的文字皆可属于铭刻的范畴。这其中，碑帖有 28 000 件。大家都知道，历代帝王都钟情书法，他们广泛搜集各地名山大川的田野石刻信息，千百年之后，那些处于自然状态下的碑刻已然风化或者损毁，然而清晰的历史信息则得以保存在博物馆中。

故宫的碑帖小部分是清宫旧藏，大多数则是中华人民共和国成立后新征集的。法书、绘画和碑帖这三类纸质文物加在一起是 156 000 件，应该说是在世界博物馆领域无与伦比的同类藏品收藏了。

铭刻类文物中还有 10 面石鼓，可谓国宝中的国宝。这 10 面石鼓见证了中国早期的文字实物，其流传经过也极为曲折，能够保存至今实属不易。为了这 10 面石鼓，故宫博物院专门建有“石鼓馆”，之前是在皇极殿东庑，现在独立设置在了宁寿宫。

此外，如果之前查询过故宫博物院网站的话，可以看到，故宫博物院收藏有 4700 片出土于河南安阳殷墟的甲骨，实际上故宫博物院收藏有 23 000 片，但需 6 年才能全部经研究后列入藏品序列。这些商代的甲骨刻辞是刻在龟甲和兽骨上的文字，习惯上称之为甲骨文。已经发现的甲骨文字大约有 5000 个，更多的字还在释读当中。故宫博物院所藏的这些甲骨，著录于《殷墟书契续编》《卜辞通纂》《殷契佚存》《殷契拾掇》《殷契拾掇二篇》《甲骨文合集》等书中，均是我们历史长河中的无价之宝。

（5）青铜器藏品。青铜文化是人类文明发展到一定阶段的产物，我国的大型青铜器在夏朝晚期已经开始出现，到商朝前期和后期已有大量气势恢

青铜鼎

甲骨刻辞

宏、纹饰繁缛的呈组合式的青铜器出现。到了西周、春秋、战国时期，一大批具有长篇铭记历史事件文字的青铜器则已经诞生。青铜器的制造和发展可说是历代绵延不断，但其对社会生活产生较大影响，还是在先秦时代。清代皇家时期收藏的青铜器在乾隆朝已经有数千件之多，这当中除去一部分后来运到台湾省、一部分流失之外，其余的仍旧在故宫。加上中华人民共和国成立后陆续由政府调拨、私人捐献以及故宫博物院收购的青铜器，故宫博物院现存青铜器已经达到 15 000 多件。

青铜器在我国诸多博物馆均有所藏，故宫博物院是我国收藏青铜器最多的博物馆，而在这其中，先秦的青铜器有大约一万件。故宫博物院还是世界上收藏带先秦铭文青铜器最多的博物馆，我们的 1600 余件带先秦铭文的青铜器非常具有研究价值。

（6）玺印藏品。玺印是凭证工具之一。在国家层面，公务层面与个人层面上，均需要以印记为凭证，这便产生了各种官印、私印。玺印大约出现于东周时期，之后代代相承，未曾间断。故宫收藏有玺印共 5060 件，这其中很大一部分是明清的帝后玺印和册宝，完整地向人们展示了明清时期官方的玺印制度以及一些帝后的个人雅好。

（7）织绣藏品。故宫收藏了 180 000 余件古代织绣，包括服饰、材料、陈设用织绣品和织绣书画四类。这其中，服饰又可分为成衣、冠帽、冠杂、靴鞋袜、佩饰、佛衣和活计等；材料类囊括锦、缎、绫、罗、绸、纱、绢、绒、缂丝和棉布等；陈设用品包括铺垫、坐褥、靠垫、迎手、椅披、门帘、帐子、帷幔、被子、枕头、炕单、炕席、桌围等；织绣书画则是以书画、诗文作品为蓝本，运用织、绣等工艺技法加以艺术再现的欣赏性艺术品，装帧形式上则有轴、卷、册、条屏、屏风、扇面、镜心等。

故宫博物院的织绣藏品大多数为清宫用品，几乎全部产自江南三织造（南京、苏州、杭州）。总的来说，故宫的织绣藏品数量多、品类繁、规格高、质量精、保存好，在中国及世界博物馆同类藏品中首屈一指。它对于研究清代服饰制度、清代丝织品织造技术水平、丝织业发展状况及清代的历史文化、宫廷生活、艺术审美与思想观念等都具有极为重要的价值。

（8）文房用品藏品。故宫收藏了 68 000 余件文房四宝——笔墨纸砚。文房四宝是中国非常具有特色的文书工具，其名称起源于我国南北朝，专指文人书房用具，以笔、墨、纸、砚为文房所使用，故曰“文房四宝”，以湖笔、徽墨、宣纸和端砚最为有名。“文房四宝”不仅具有极强的实用价值，同时也是融汇绘画、书法、雕刻、装饰等各种艺术为一体的艺术品。

实际上，除去“四宝”，文房用品还包括笔筒、笔架、墨床、墨盒、臂

碧玉交龙纽古稀天子之宝

搁、笔洗、书镇、水丞、水勺、砚滴、砚匣、印泥、印盒、裁刀、图章、卷筒等。故宫博物院所藏的文房用品多为清代名师制作，为皇家御用，因此用料考究、工艺精美。它们代表了我国数千年来文房用具的发展水平和能工巧匠们的创造智慧与艺术才能，是文房用品中的瑰宝。

（9）家具藏品。故宫收藏了 6200 余件明清家具。这当中，明代家具有 300 余件，清代家具则汇集了床榻、椅凳、桌案、箱柜、屏联、台座等，一应俱全。还有东洋家具、西洋家具近 500 件。

论质地，则有花梨、铁梨、乌木、鸡翅木、酸枝木、榉木、楠木、桦木、榆木、瘿木、黄杨等家具，特别是还包含很多紫檀、黄花梨等材质的家具，极为珍贵。这些家具除部分为清宫造办处制作外，大多数来自全国各地，其中属广作、京作、苏作、晋作最为有名。故宫博物院所收藏的家具，基本全面地反映了明清家具的风格特点，对研究明清家具艺术及那段时期的思想文化具有重要的指导和参考价值，是我国十分宝贵的文化遗产。

（10）钟表仪器藏品。在我国，博物馆收藏的外国文物很少，但是故宫博物院是个例外。近500年的文化交流，特别是使臣纳贡、贸易交流使故宫积累下上万件的外国文物。在西洋钟表收藏方面，故宫是世界上收藏18世纪西洋钟表数量最多、品质最好的博物馆，共有2200件（套）西洋钟表和仪器，其中钟表1500件（套），仪器700件（套）。

这些钟表仪器可以说是故宫博物院众多文物藏品中相当特殊的一个种类，是明末以来西学东渐之下的产物，也是反映明清时期中国宫廷中中西文化交流的重要遗存。明末来华的传教士为谋求其教务发展，在反复探索与权衡后采取了以展现西方科学为主旨的传教策略。他们或是进献从欧洲携带而来的钟表仪器，或是以其学识、技术向中国社会特别是清朝宫廷提供世俗服务，以发挥自己的一技之长。他们制造或指导造办处工匠制作了大批钟表仪器，并影响了当时的宫廷学风，进而使引进、购买和制造钟表仪器成为宫廷的自觉行为。这一历史状况就决定了中国宫廷钟表收藏的特殊性，在承载中外文化交流和影响方面所显现出来的代表性、典型性、广泛性是世界上任何其他博物馆的同类收藏所无法比拟的。

（11）珐琅藏品。故宫是全世界收藏中国古代金属胎珐琅器数量最多的地方，有6600件珐琅器，涵盖了从元代到清代及民国时期的金属珐琅器。这其中，掐丝珐琅器4000余件，画珐琅器2000余件，此外还有錾胎珐琅器、锤胎珐琅器、透明珐琅器等。它们中的绝大多数是明清两代皇家所控制的机构所生产的，少数则为民间作坊制作。故宫博物院所藏的珐琅器用途广泛，涉及宫殿陈设、宗教祭祀、殿内建筑装饰以及日常生活等各方面，是研究中

掐丝珐琅缠枝莲纹螭耳熏炉

掐丝珐琅缠枝莲纹龙耳瓶

国古代金属胎珐琅器的珍贵实物资料。

（12）漆器藏品。故宫还有多达 19 000 件的漆器，在全世界的博物馆中也是绝无仅有的。漆器是以木或其他材料造型经髹漆而成的器物，具有实用功能和欣赏价值。中国是世界上最早认识漆的特性并将漆调成各种颜色，用作美化装饰之用途的国家。故宫博物院收藏漆器数量位居世界博物馆之冠，这其中又以元明清三代传世作品为主，兼有少量早期作品。在元明清三代的作品中，又以宫廷作品为主，兼有部分的民间作品。这些漆器种类齐备，内容丰富，并且具有相当高的工艺水平和研究价值，是世界工艺美术品的重要组成部分。

（13）雕塑藏品。雕塑是造型艺术的主要门类之一，是雕刻与塑造的总称。雕刻多施于木、石、金属等材质之上，塑造则是以泥土为主要材料。故宫博物院所藏雕塑主要包括上至战国、下至清代的各色俑，木雕、石雕、瓷雕佛像，汉代画像砖与画像石，隋唐时期人物、动物砖雕及宋代二十四孝砖雕等。故宫博物院所藏雕塑主要源于以下几种途径：清宫旧藏、国家拨交、接受捐赠及收购。故宫博物院是中国雕塑文物的重要收藏机构之一，收藏的雕塑文物以品种齐全、内容丰富、具有较高的历史与艺术价值而著称于国内外。

（14）金银锡器藏品。故宫还有 11 000 件金银锡器，都是传世的艺术品。宫内的金银器采用了铸造、錾刻、累丝等多种技术，造型别致、纹饰精美、极富宫廷特色，具有极高的历史价值和艺术价值。其中，金器主要为清宫遗存，大部分为清代制品，包括清代典章、祭祀、冠服、生活、鞍具、陈设和佛事等方面。银器绝大部分为清代制造，以银壶、银杯、银盒等为主。锡器形状不一，上多刻有诗文、花卉、山水人物，还有一部分上面刻有私人收藏款。

（15）玉石器藏品。23 000 件玉石器是故宫博物院收藏的骄傲。中华五千

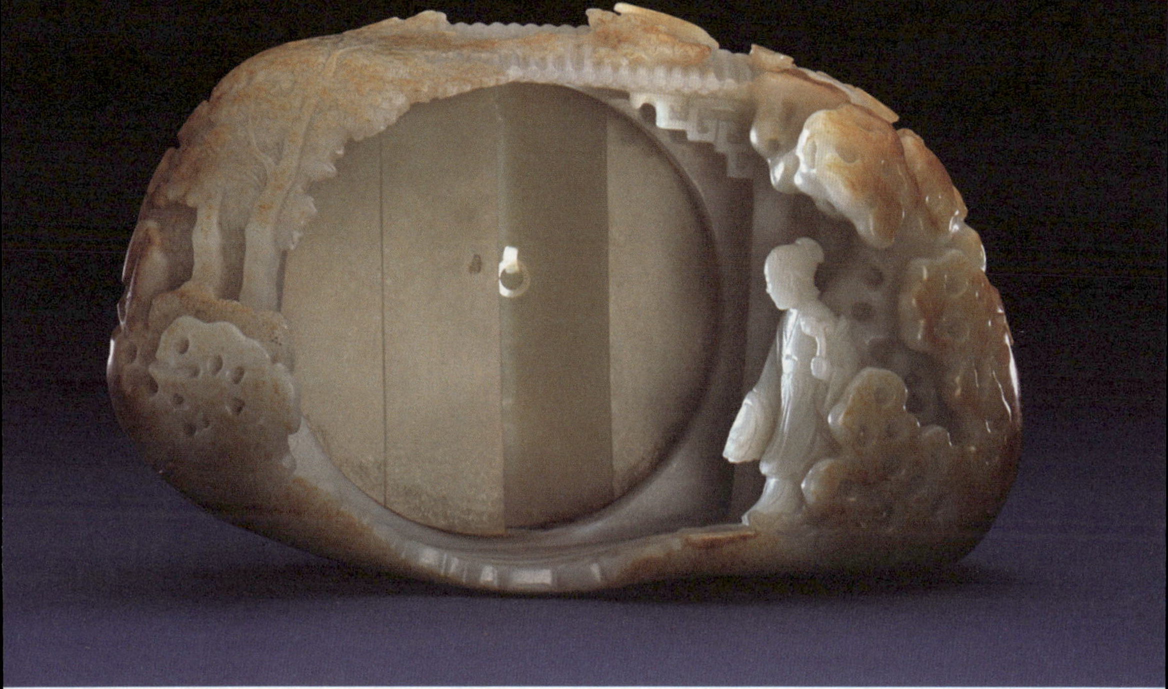

带皮青玉月门

年文明，甚至上溯八千年，可以通过故宫博物院的藏品串联起来。例如，出土于东北的红山文化玉器，出土于浙江的良渚文化玉器，还有时代更早一些的安徽凌家滩文化玉器等，故宫博物院都有广泛的收藏。这些玉石器主要源于清宫遗存，其中以玉器占了绝大多数，其他还有水晶、玛瑙、青金石、芙蓉石、孔雀石、珊瑚等珍贵宝石制成的器物，可以说是品种齐全、工艺精湛。

（16）玻璃器藏品。故宫博物院还收藏有玻璃器。玻璃器在明清也称为“料器”。中国的玻璃制造工艺其实已有两千多年的历史，但实际上在清以前始终处于缓慢发展的状态。自清康熙朝以来，在西方科学技术的影响下，清宫玻璃厂正式建立。此后，宫廷御用玻璃器的制作一直持续到清末，而这

银镀金镶珠宝五凤纹钿尾

其中又以康熙、雍正、乾隆三朝为最顶峰。

（17）竹木牙角雕藏品。此外，故宫还有11 000件雕刻工艺品，包括竹雕、木雕、象牙雕刻以及犀角雕刻等，一般被称为“杂项”。这几种工艺的历史都极为悠久，也与日用联系较为密切，但在相当长的历史时期内都没有形成稳定的工艺传统。直至明清时期，随着整个工艺美术领域的繁荣发展，竹木牙角雕才取得了空前成就。它们形成了独具特色的工艺技法，留下了大量美轮美奂的作品，派生出全国闻名的地方物产，也得到了上层社会的关注。借助不同材质雕刻出来的不同作品，竹木牙角雕各自具备一套完善而独特的雕刻技术，有自家传承的有序规律，同时也有许多姿态各异的作品流传于后世。

（18） 宫廷宗教藏品。故宫博物院收藏宗教文物 42 000 件，涵盖汉传佛教、藏传佛教、道教、萨满教四大类。汉传佛教以清宫旧藏的各种佛教经典和故宫博物院成立后收藏的各类佛教造像为主。道教文物有 500 多件，存于钦安殿和玄穹宝殿；萨满教文物几十件，存于坤宁宫，它们均未与古建筑分离，具有比一般的传世文物更高的历史文化价值。故宫博物院收藏的宗教文物中 80% 都是藏传佛教文物，其中有 23 000 件佛造像、7000 件祭法器、1970 件 18 世纪的唐卡。它们原存于清宫多处藏传佛教佛堂。大多数为清代民族宗教领袖敬献给皇帝的礼物。

（19）首饰藏品。故宫博物院还收藏了大量的清代宫廷首饰。这些首饰由广储司和造办处的撒花作、累丝作、玉作、牙作、镶嵌作、珐琅作等处承做。按照习惯，又被分为头饰、颈饰、佩饰等几大类。它们造型高贵典雅，做工细致入微，透露出严格的等级，也体现出匠师们高超的工艺水平。

（20）武备仪仗藏品。故宫还保存着不少武备仪仗。它们大部分属于清代皇帝的御用品，如大阅、骑射时的实物及大量赏玩器和陈设器，同时也有八旗官兵的遗物，还有全国各地贡入宫廷的利器，此外还有少量的外国兵器。从分类来说，现存故宫的武备器具可分为冷兵器和热兵器两类，包括甲胄、弓矢、枪具、刀剑、炮等。材质上则有钢、铁、铜、木、动物皮革、象牙、骨等。这些武备器具是清代数百年军备盛衰交替的历史见证，也是当时特殊历史背景下中国传统武器装备与世界兵器发展融合的缩影。

（21）音乐戏曲藏品。音乐戏曲类文物是故宫非常特殊的一类文物，以清代典制乐器为主，包括“中和韶乐”“丹陛大乐”等所需乐器，还有一些民族乐器和西洋诸国进贡而来的西洋乐器。此外，由于清代宫中盛行演戏，因此也就留有大量戏曲伴奏乐器，如堂鼓、月琴等。与此同时，和演戏有关的戏衣、盔头、唱片、戏本等文物也都再现了清宫当年演戏的盛况。除去清

英国自开门音乐水法（修后）

嵌珠鎏金立像铜佛

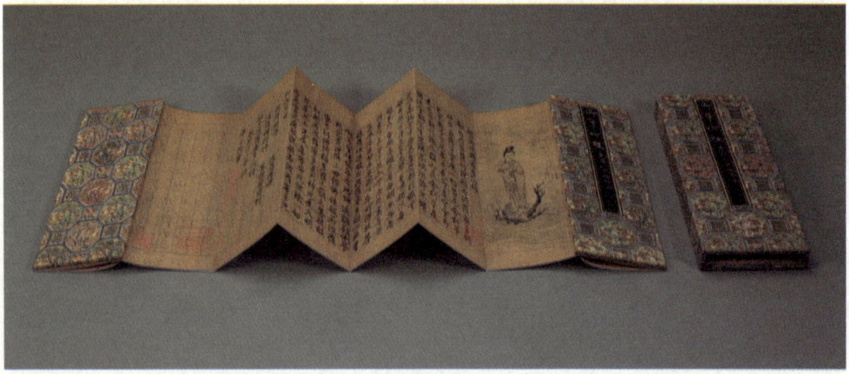

般若波罗蜜多心经

代音乐类文物，故宫还藏有部分明以前的古琴，也都是极其宝贵的珍品。

（22）生活用具藏品。故宫里还有 13 000 件生活文物，包括宫灯、盆景、如意、药具器材、茶叶、餐具、火镰等。基本都为清宫旧藏，也有少部分是民间征集或个人捐赠。换句话说，生活文物主要就是内廷里帝后生活中使用过的东西。比如其中有很多孩子的玩具，还有很多当时的食品，以及普洱茶、中药等，可以说是无奇不有。由于其种类繁多，用途各异，因此材质也迥然不同，木、绸缎、毛、牛角、珠宝等均可见到。与此同时，其工艺也必然不同，诸如染色、粘贴、刺绣、雕镂、镶嵌等也是异彩纷呈。在这些器具中，比较难保管的就是盆景，它们体量较大，又不像瓷器，玉器等器型比较规整，可以装入囊匣。这些盆景的枝干、花瓣一般是玉石制造，叶片则有一些是染牙材料，因此无论是保管、搬运还是陈列都要格外小心。故宫所藏的这些生活器具，蕴藏着相当丰富的文化内涵，既向人们展示了神秘的宫廷生活，同时也向我们展示了优秀的中国传统工艺。

（23）外国文物。故宫博物院还有部分清宫旧藏的外国文物，多产自英国、法国、德国、瑞士、美国、日本等国，类型有漆器、陶器、瓷器、玻璃器，绘画、书籍、家具等，上到 16 世纪、下到 20 世纪，其中以 18、19 世纪居多。在所有的文物中，日本文物的数量和种类都居首位。这些外国文物带有十分鲜明的地域特色，展示了所属国的文化，同时也反映了中国和其他国家地区的交流情况。

藏品征集

藏品征集是任何一家博物馆都十分重视的业务，是让自己的馆藏不断丰富的来源。博物馆的藏品征集有如下几个途径：田野采集、考古发掘、接受捐赠、购买、民间征集、接受拨交或移交等。这其中，接受捐赠是一种非常重要的征集方式。

建设故宫博物院仅靠少数人的努力是肯定不够的。故宫博物院的建设长期以来得到了大众的支持，其中一种支持就是社会有识之士和民众对故宫博物院的捐助，例如捐赠私人藏品等。自建院以来，已有 700 多人向故宫博物院捐赠了珍贵藏品，故宫博物院也为此设立了捐赠榜——景仁榜，以对这些捐赠者进行表彰。近些年，故宫博物院陆续也接收了一些文物捐赠，对故宫博物院的发展和文物保护事业有着重大的意义。

我希望这些捐赠行为能让社会公众了解，所以每次捐赠我们都会加大宣传力度。捐赠宣传有多种形式，一方面是召开媒体发布会，另外一方面就是定期举办捐赠文物展览。我们还将景仁宫专门开设为“捐献馆”，把受赠文物中的部分精品展示给社会公众。还通过出版物和纪念文章，也包括周年纪念等方式，使人们铭记这样的善举。对于一些重要藏品，例如历史上曾经抢救回归故宫的文物藏品，我们在出版或者展览陈列时都要标注捐赠信息。总之，故宫博物院在今后的建设中，确实也要依靠“众人拾柴火焰高”。

故宫博物院仍然在不懈地征集、汇集文物，但是我们也有严格的收藏原则。尤为珍贵的是种种原因从清宫流失出去的文物，对于这些文物，故宫博物院希望能够接受捐赠，对于一些重要的文物还可以出资购藏。例如十几年前故宫博物院就抓住机遇，购藏了张先《十咏图》《出师颂》《研山铭》等珍贵书画藏品。

纵观故宫博物院接受捐赠的历史可以发现，实际上我们接受捐赠的文物藏品以古代艺术品居多，特别是与故宫文化有关的文物。例如香港世茂集团董事局主席许荣茂先生在2018年捐赠的《丝路山水地图》，成为故宫博物院的珍贵文物藏品。但是，对于当代艺术品，我们则持比较慎重的态度。

有人说，故宫博物院是接收藏品捐赠最严苛的博物馆。故宫博物院对接收当代艺术品捐赠确实有三项规定：第一，捐赠的书画作品或艺术品，一定是在全国甚至世界上具有影响的艺术大师作品。第二，捐赠作品不仅是艺术大师的原作，而且还要是大师的代表作品。第三，无论艺术大师名气多大，故宫博物院只接受其十件以内的当代艺术品。这样规定，是为其他文化机构提供收藏机会，同时我们也希望故宫博物院在两百年、两千年以后，所拥有的文物藏品仍然是各个历史时期最好的艺术品。故宫博物院的做法也为其他博物馆征集文物藏品留有更多余地，如果大量当代艺术品收入故宫博物院文物库房，由于展示空间有限，得不到展出的机会，那么也就起不到社会教育和文化传播的意义。

故宫珍贵藏品举隅

截至 2016 年 12 月 31 日，故宫博物院拥有文物藏品 1 862 690 件（套）。这在国内博物馆中首屈一指，在世界博物馆中也是名列前茅的。全世界博物馆藏品数量与等级一般都是金字塔结构，塔尖的位置是珍贵文物，腰身的位置是一般文物，底层是资料，也就是尚未列入级别的文物。然而，与其他博物馆不同，故宫博物院的藏品特点呈现“倒金字塔”型结构：90.4% 的文物是珍贵文物，8.8% 的文物是一般文物，资料占 0.8%，可以说几乎件件都是珍贵文物。对故宫博物院来说，越是珍贵的文物，数量反而越大。也就是说，不是珍贵文物，至今也不能进入故宫博物院。所以说，故宫博物院的责任不可谓不大，这也是故宫博物院持续加大文物藏品保护的最重要的原因。

故宫博物院藏品的主要来源之一是清宫旧藏，这也就奠定了故宫博物院在明清文物上的优势。以书画为例，故宫博物院所藏明清绘画在总量和精品数量上都拥有极大优势。例如故宫博物院收藏大量吴门画派书画，包括沈周绘画 167 件、书法 53 件，文徵明绘画 134 件、书法 46 件，唐寅绘画 85 件、书法 40 件，仇英绘画 105 件。清代绘画方面，故宫博物院清代宫廷绘画独具优势，包括外国传教士如郎世宁、王致诚、艾启蒙等人，内廷供奉画师如冷枚、金廷标、丁观鹏等人的作品都收入在内。

故宫博物院不仅在明清藏品上独具优势，更有藏品体系的优势。上文提到，从品类来说，故宫博物院的文物藏品可分为绘画、法书、铜器、金银器、漆器、珐琅器、玉石器等 25 大类，品类完整。从历史脉络来看，故宫博物院藏品的重要类别都是历史序列整齐的，例如馆藏陶瓷可以举办中国陶瓷发展史展览，玉器收藏上迄新石器时代下至清末没有断档的时代等。在这一点上，世界上没有哪个博物馆是可以与之媲美的。

在这里，我想再向大家具体列举故宫博物院的一些珍贵藏品。

陶瓷方面，我们有相当多的闻名于世的藏品，比如唐代的邢窑白釉葵口碗，宋代的汝窑三足樽、哥窑鱼耳炉、官窑弦纹瓶、钧窑月白釉出戟尊、龙泉窑青釉凤耳瓶、定窑孩儿枕，元代的蓝釉白龙纹盘，明代的永乐青花压手杯、宣德青花梵文出戟盖罐、成化斗彩鸡缸杯、弘治黄釉描金兽耳罐、万历五彩镂空云凤纹瓶，清代的康熙紫红地珐琅彩缠枝莲纹瓶、雍正珐琅彩雉鸡牡丹纹碗、乾隆各种釉彩大瓶等。这些都是历代陶瓷中的精品，代表了中国历史上各个时期陶瓷工艺的最高水平。

绘画方面，故宫的珍贵藏品，或者说大家叫得上名的藏品，那可就太多了。比如隋展子虔的《游春图卷》，唐阎立本的《步辇图卷》、韩滉的《五牛图卷》，五代董源的《潇湘图卷》、顾闳中的《韩熙载夜宴图》，北宋赵佶的《祥龙石图卷》、张择端的《清明上河图卷》，元倪瓒《竹枝图卷》等。在五万件绘画作品中，有近千件为国家一级文物，几乎囊括了中国绘画发展各个历史时期的名家名品，尤其是元以前的精品有四百余件（套），这个数

宋钧窑月白釉出戟尊

汉西乡侯见张君残碑

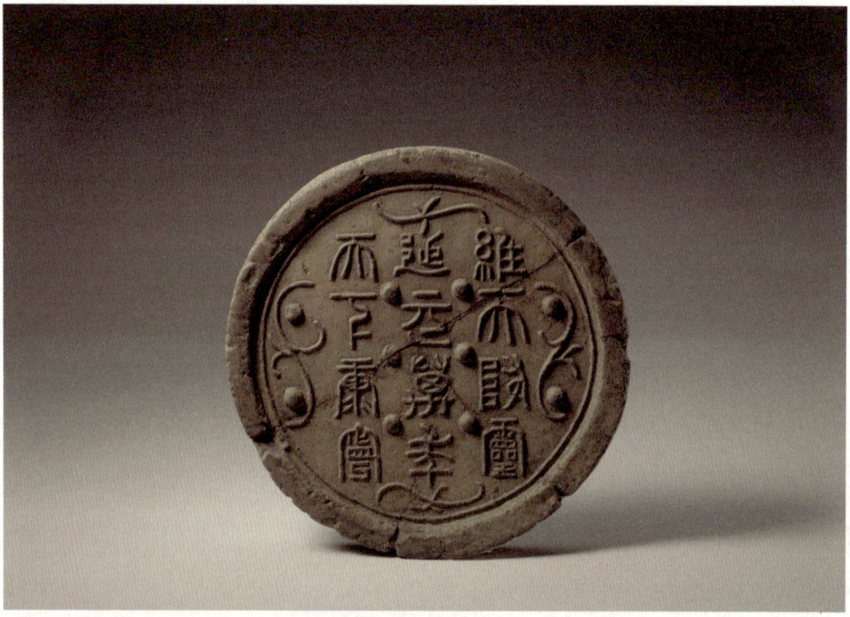

秦“维天降灵延元万年天下康宁”十二字瓦当

字在全国博物馆排名第一。不仅如此，故宫的绘画作品有不少都是稀世珍品，有些甚至是历经劫难而流传至今的孤本真迹，在中国美术史上都占有极其重要的地位。

与之相对应的是，故宫所藏的法书同样是珍品荟萃。比如大家所熟知的“三希”中的“二希”——《中秋帖》和《伯远帖》。再如晋陆机的《平复帖》、隋《出师颂》、唐杜牧《张好好诗卷》、宋范仲淹楷书《道服赞卷》等。同绘画一样，我们的法书宝库可以说是享誉中外。

漆器方面，故宫收藏有元代“张成造”剔红栀子花纹圆盘、“杨茂造”剔红观瀑图八方盘、“张敏德造”剔红赏花图圆盒等。

雕塑方面，故宫收藏的河北曲阳白石造像，上起北魏晚期，下达盛唐天宝年间；50 尊广东韶关南华寺的木雕罗汉像，雕造于北宋庆历五年至八年，是研究世俗信仰的重要资料；收藏何朝宗、石叟、尚均、杨玉璇等人的瓷、铜、石雕刻品；汉代画像砖与画像石，以及宋代的二十四砖雕等。这些雕塑文物都具备着很高的历史价值和艺术价值，也是故宫的重要藏品之一。

金银器方面，故宫收藏有元代的朱碧山银槎、明代的银方斗式杯、清乾隆金瓯永固杯等珍贵藏品，或是反映金银器工艺上的佳作，或是具有较为重要的历史价值的物品。

玉石器方面，故宫既收藏有诸如大玉龙、玉神人纹多节琮等古玉，也收藏有著名的“子冈”款明代玉器。除此之外，故宫还收藏有大量的清代玉器，特别像大禹治水图玉山、丹台春晓玉山、青玉云龙纹瓮等体量巨大、雕刻工艺复杂而又精美的玉器，更是难能可贵。

玺印方面，故宫收藏有清代官方所用的“二十五宝”，同时收藏有诸多帝王的官印、私印，这其中又尤以乾隆皇帝的玺印为甚。

织绣方面，故宫收藏有相当完备的清代宫廷服饰，汇集冠、袍、履、带、

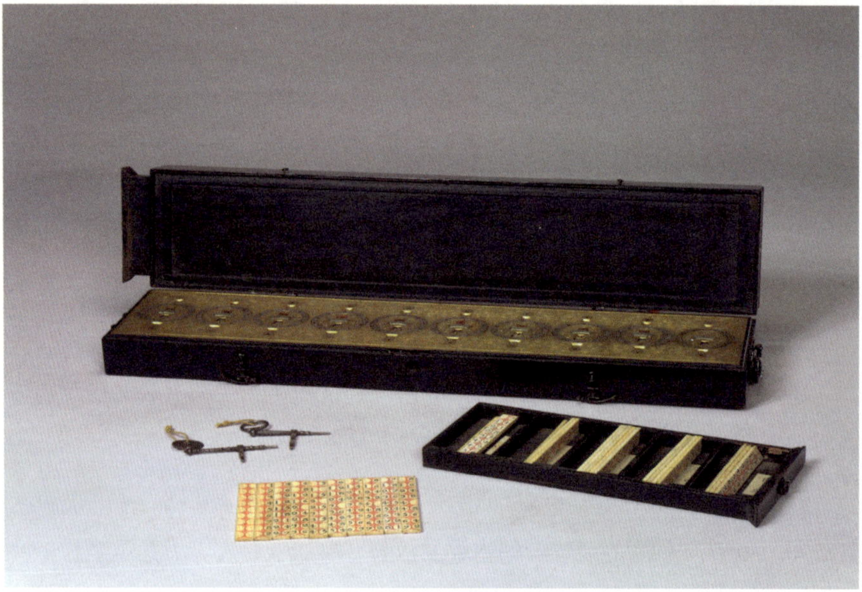

西洋计算器

佩饰等各种类别，可以完整地从中勾勒出清代典章制，这在世界任何其他博物馆都是不可能做到的。

故宫收藏的西洋仪器，包括钟表及其他科技仪器，足以见证东西方文化的交流史。这当中诸如著名的铜镀金写字人钟、铜镀金象拉战车钟、铜镀金嵌料石升降塔钟等，将中国元素与西方元素相结合，既是造型别致的工艺品，也是精巧绝伦的科技仪器。

故宫所收藏的藏传佛教藏品中，有不少来自清宫佛堂旧藏，其佛像、佛塔、唐卡及其他各类法器等，真实还原了藏传佛教在清朝的发展与在清宫的兴盛。而故宫所藏的金钟玉磬，则再现了礼制在清代宫廷中的重要性。

至于古籍方面，故宫的珍贵收藏更是相当繁多。比如各种版本的《大藏

银烧蓝望远镜

经》，再比如武英殿刻本的《康熙字典》《钦定古今图书集成》等。这些古籍涵盖多个朝代、多种形式，有不少都属于善本特藏甚至是孤本范畴。

总的来说，故宫博物院186万件的藏品，有超过90%的珍贵文物，25类藏品，每一类都是精品丰富。一直以来，我们都想让这些珍贵文物多同观众见见面。这些年，我们对故宫博物院的展陈空间、展陈方式和内容不断进行改善，更多的珍贵文物陆续呈现在了展厅。我也相信，随着故宫开放区域的不断扩大，展览水平的不断提升，大家一定会在故宫的展厅内看到更多的珍贵文物。

“现象级”的故宫展览

作为中国文物藏品最多、最丰富的宝库，故宫博物院的文物藏品超过180万件。但是过去这些文物藏品绝大部分躺在仓库里“睡大觉”，使观众的“故宫游”往往是走马观花。实际上，公众对于参观文物展览、观赏文物藏品的热情一直都存在，并且与日俱增，可他们难得的“故宫文化之旅”却看不到很多期待已久的文物，这对于他们来说无疑是一种遗憾。其实对我们“故宫人”来说，这同样也是遗憾，因为我们也非常想把故宫博物院丰富的文物藏品更多地展示给广大观众。为此，我们必须寻求改变，让文物“活起来”。

几年来，故宫博物院努力通过维修保护古建筑来开辟新的展区、扩建新的展馆、筹划新的展厅、举办新的展览、从故宫红墙内迁出工作人员等，把越来越多的文物藏品“请”出库房、“移驾”展厅供广大观众观赏。

在展览方面，我们丰富、改进了常设展览，比如新提升了珍宝馆、钟表馆、书画馆、陶瓷馆、石鼓馆等陈列展览，新设立了雕塑馆、家具馆、古建筑馆、武备馆、数字馆等专题展馆，新开辟了皇极殿、文渊阁、咸若馆、寿康宫、畅音阁等原状陈列。同时，每年举办的临时展览数量不断增加。在这些临时展览中，虽然多数是主题鲜明的故宫文物专题展览，同时合作展览、引进展览的数量也不断增加，有些是故宫博物院与境内外其他博物馆和文化机构合作举办，还有些则是直接从境内外其他博物馆和文化机构引进而来的展览。越来越多具有社会影响力的展览不断呈现给广大观众。

在故宫专题展览方面，先后举办了“古物撷英——故宫博物院藏捐献陶瓷精品展”“洁白恬静——故宫博物院定窑瓷器展”“清风徐来——故宫博物院藏清代宫廷成扇展”“故宫藏历代书画展”“故宫博物院藏清初‘四王’绘画特展”“紫禁城与‘海上丝绸之路’展”“故宫博物院藏四僧书画展”“赵孟頫书画特展”“千里江山——历代青绿山水画特展”“予所收蓄永存吾土——张伯驹先生诞辰120周年纪念展”“砚德清风——故宫博物院藏清代宫廷用砚精品展”“铁笔生花——故宫博物院藏吴昌硕书画篆刻特展”“贺岁迎祥——紫禁城里过大年”等。

在与国内博物馆和文化机构合作举办展览方面，先后举办了“洛阳牡丹与牡丹题材文物联展”“开封菊花与菊花题材文物联展”“徽匠神韵——安徽徽州传统工艺故宫特展”“秘色重光——秘色瓷的考古大发现与再进宫”“天禄永昌——故宫藏瑞鹿文物特展”“清平福来——齐白石艺术特展”“极限创造——2019奥林匹克博览会故宫大展”“国色天香——紫禁城里赏牡丹”“良渚与古代中国——玉器显示的五千年文明展”“天下龙泉——龙泉青瓷与全球化”“观鱼知乐——宫廷金鱼文化与故宫博物院藏金鱼题材文物联展”“须弥福寿——当扎什伦布寺遇上紫禁城”等。

紫禁城与“海上丝绸之路”展

张伯驹书画特展

浴火重光——来自阿富汗国家博物馆的宝藏展

在与国外博物馆和文化机构合作举办展览方面，先后举办了“印度宫廷的辉煌——英国国立维多利亚与艾伯特博物馆珍藏展”“玲珑万象——来自美国的俄罗斯皇家法贝热装饰艺术展”“梵天东土并蒂莲华：公元400——700年中印雕塑艺术展”“浴火重光——来自阿富汗国家博物馆的宝藏展”“尚之以琼华——始于十八世纪的珍宝艺术展”“茜茜公主与匈牙利：17—19世纪匈牙利贵族生活展”“铭心撷珍——卡塔尔阿勒萨尼收藏展”“贵胄绵绵——摩纳哥格里马尔迪王朝展”“爱琴遗珍——希腊安提凯希拉岛水下考古文物展”“流金溢彩——乌克兰博物馆文物及实物与装饰艺术大展”“传

贵胄绵绵——摩纳哥格里马尔迪王朝展

心之美——梵蒂冈博物馆藏中国文物展”“有界之外：卡地亚·故宫博物院工艺与修复特展”等。

目前，全国各地建设了数量众多的现代化博物馆，因此故宫博物院的展览也有条件走向更多城市。特别是鉴于长期以来，故宫博物院的发展得到各地的支持，如今我们就通过“故宫文物回乡展”加以回报，例如先后举办了赴合肥的“走进御书房——清代宫廷文房用具特展”、赴苏州的“蘇·宫——故宫博物院藏明清苏作文物展”、赴绍兴的“兰亭回家展”、赴扬州的“领异标新二月花——扬州八怪书画联展”、赴杭州的“公望富春——名画回故乡特展”、赴福州的“寿山石回故乡展”、赴温州的“郑振铎先生捐献故宫文物特展”、赴宜兴的“紫泥清韵皇家品位——故宫博物院珍藏宫廷御用紫砂展”、赴常州的“常州画派女画家精品展”、赴黄山的“故宫博物院藏新安八家书画展”、赴沈阳的“曾在盛京——沈阳故宫南迁文物展”、赴成都的“天府之国与丝绸之路文物特展”，以及赴新疆的“故宫博物院清代新疆文物珍藏展”、赴海南的“对话：海上丝绸之路与紫禁城展”等。这些与当地传统文化渊源深厚的文物展览，获得所到城市民众的欢迎，增加了当地民众对自己城市文化的了解，增强了对于家乡故土的自豪感。

令人难忘的是，2015 年，故宫博物院迎来了建院 90 周年，我们举办了一系列大展来庆祝这一重要的时刻。如午门的“普天同庆——清代万寿盛典展”、武英殿的“石渠宝笈特展”、斋宫的“大明御窑瓷器——御窑遗址出土与传世洪武、永乐、宣德瓷器对比展”、延禧宫的“清淡含蓄——故宫博物院汝窑瓷器展”、神武门的“故宫藏老照片特展”、神武门的“故宫博物院文物保护修复技艺特展”等。

近年来，除逐年增多的固定展览、原状陈列以外，故宫博物院每年在院内外举办的临时展览超过 50 项，得以展出的文物藏品数量倍增。尤其令人欣喜的是，通过持续推出的系列展览，有力提升了故宫博物院的展览水平，树立起不断根据社会需要积极筹划展览的理念。这些展览不但在文化界引起一次次轰动，更是在社会上产生了广泛影响，越来越多的观众通过展览更加熟悉和热爱故宫文化。

在这里，我特别要提到的是 2015 年的“石渠宝笈特展”和 2017 年的“千里江山——历代青绿山水画特展”。它们在社会上引起了巨大反响，成为“现象级的展览”，并且衍生出“故宫跑”这样一个专有名词，可见故宫博物院所代表的优秀传统文化在世人心目中的地位，以及人们对传统文化经典的崇敬和渴望。我们更欣喜地看到，参观特展的 30 岁以下年轻观众，占到了七成左右。

先说“石渠宝笈特展”。2015 年适值故宫博物院九十周年院庆，一大批精彩的展览得以与观众见面，“石渠宝笈特展”就是其中之一。诸如《清明上河图》这样的著名书画作品得以展出，因此引人瞩目。但要说起它引人瞩目的程度，说实话一开始我们也没想到。

以往，人们进入故宫博物院后会有一些抱怨，有很多不满意的地方。其中一个现象是 80% 的人进来后，都会目不斜视地往前面走，方向感极强，先去看皇帝坐在哪，再往前走去看皇帝躺在哪，再看看皇帝在什么地方大婚，穿过御花园就走出了故宫博物院。太多的人来到故宫博物院以后，不知道或者没有机会参观两侧的展览。

“石渠宝笈特展”改变了这种情况。很多人进入故宫博物院后，不往前面走，而是往西边跑，因为这个展览的主展场在外朝西路的武英殿。人越跑越多，速度也越跑越快。这种现象后来衍生出一个网络名词——“故宫跑”。我过去一看，现场确实有很多人在跑动。一位老先生站在武英殿书画馆门前对我说，故宫博物院怎么举办展览像开运动会一样，大家还要跑？他说自己已经七十岁了，一大早就来排队，排在最前面买到票，结果开馆后人们都跑了起来，由于跑在后面，就没有能第一批进去参观。

这句话倒是启发了我，我认为他说得对，当天中午我们就开会研究怎么办好“运动会”。连夜赶制了 20 个牌子和 1000 个胸牌，第二天早上不到 7 点，就把牌子立在广场上，先来的人排成一组、二组、三组……人们按照先后顺序排起队来，“石渠宝笈特展”的开幕式就举办了。开幕式之后是入场式，8 点钟不到，我们提前半个小时开馆，然后第一组、第二组、第三组依次入场……老人、孩子跟着牌子走向展厅，就都不用跑了。据说全世界的博物馆

"石渠宝笈特展"参观秩序（2015 年 9 月 19 日）

举办展览有入场式的只有故宫博物院。

虽然采取了这样的办法，但前来观看展览的人确实很多。这个展览共吸引了 17 万观众，每天都是几千人排队，平均每人排队 6 小时。但是不管时间多久，观众都坚持要看到展览，特别是都想看一眼《清明上河图》。于是，我们又承诺，最后一个观众参观结束后才闭馆。我记得有一天，晚上 8 点，我们去看望观众的时候，队伍排得还很长，我问他们累不累啊，观众们纷纷表示："累也要坚持！就是故宫博物院里晚上没有饮用水销售，口渴了怎么办？"我们赶快通知厨房烧水，沏了 2500 杯茶请观众们饮用。到了夜里 12 点，我去看望观众时问他们："怎么样？喝水了吧？"他们回答说："水倒是喝了，但是现在又饿了。"我们赶快又拿出 800 盒方便面。吃完方便面后，大家一起继续排队等待，后来我听说，全世界的博物馆举办展览免费发方便面的，只有故宫博物院。

凌晨 4 点，最后一批观众们看完展览，全家合影以后，高高兴兴地离去了。当最后一个观众离开故宫博物院时，天都快亮了。我非常喜欢的一张照片，就是当时最后一位参观完展览的观众在武英殿外的照片——东方天蒙蒙亮，观众笑得满足。

我觉得还有一点特别令人感动，也是令我感到骄傲的是，这次展览 70% 排队观看展览的都是来自世界各地的学生们，为了避免他们长时间排队浪费时间，我们请策展专家、志愿者给他们讲解。还有就是，当时制作的二维码展览介绍发挥了很大作用，观众们通过手机链接，查看展厅里面展示的每一件藏品信息，这样排队等待的时间就不那么枯燥了。同时专门为此次展览出版的图书、杂志和文化创意产品也引起人们的关注。

应该说，“石渠宝笈特展”确实让我们总结了许多。在过去，故宫博物院内举办展览，排 10 米、20 米的队就叫长队了，没想到这次反响非常强烈，等待参观的观众队伍一直排到了太和门广场，观众最多的时候排队达数千人，队伍长达数百米。对于观众参观的热情程度，我们的确始料未及。有人浪漫地说，这是一道靓丽的文化风景。而对于身临其境排队的观众来说，则是一个漫长的等待过程。应该说，观众排了这么长的队伍，还那么耐心，我们心存感激。从中也能看到大家对传统文化的热爱和对文物意义的理解，我们感到十分欣慰。

2017 年 9 月 15 日在午门雁翅楼展厅举办的“千里江山——历代青绿山水画特展”，以北宋王希孟的《千里江山图》为中心，旨在系统梳理、展示中国历代青绿山水画的发展脉络。

展览首次集中呈现了院藏青绿山水画作精品。大家都知道，中国山水画不仅单纯表现眼前的山川景象，更直抒胸臆，描绘了理想中的大千世界。为了充分表现山水画的精神内涵，此次展览策划努力将创作山水画的技法、布局、张力融汇在整个展览的设计中，使展览整体成为一幅“青绿山水画”。这个展览具有重要的文化意义，因为青绿山水是中国山水画的一个重要门类，但是由于元及以后文人画的迅速发展并占据画坛主流，导致我们通常对中国山水画的印象主要是水墨山水，而忽略了青绿山水在画史上的地位和价值。系统展示中国古代青绿山水画的发展脉络，有助于更全面地理解山水画的概念，以及中国艺术的精神世界。再有，故宫博物院收藏有展子虔《游春图》、王希孟《千里江山图》、宋人《江山秋色图》、赵伯骕《万松金阙图》等重要作品，在青绿山水画的收藏上有突出优势。借此展览，可以让民众对故宫博物院藏品的重要性有直接、具体的认识。除此之外，故宫博物院经过全面的文物清理，向社会公布了全部藏品的目录。举办“青绿山水”这样的专题展览，是系统清理成果的具体体现，也反映了故宫博物院藏品清理、研究的现实意义。

当然，此次展览的重头戏和焦点，是北宋王希孟的那幅《千里江山图》。《千里江山图》是 900 多年前，一位年仅 18 岁的天才画家王希孟，为北宋皇帝宋徽宗所创作的青绿山水绘画。他在不到半年的时间内，即画成了这幅长 11.9 米的画卷，表现出气势磅礴的千里江山景色，同时细腻地描绘出充满生活气息的理想人居环境，成为中国古代最著名的山水画之一。通常说“纸寿千年，绢八百”，这幅绘画已经将近千年，但是仍然色彩鲜艳，是因为使用的都是矿物质颜料，所以不会褪色。除了艺术价值，《千里江山图》还可以作为研究中国古代建筑的重要史料。早在 1979 年，傅熹年先生就曾提取《千里江山图》中的建筑组合，比对文献，复原了不同类型建筑平面布局和细部做法，总结出北宋时期城乡建筑和桥梁的特征。可以说，这幅于青山绿水中掩映渔村野市、水榭长桥的长卷，正是古代中国理想人居的真实写照。

故宫博物院藏四僧书画展

赵孟頫书画特展

实际上，进入21世纪以来，这幅《千里江山图》已经先后三次在故宫博物院展出，前两次在武英殿书画馆展出。我的老师吴良镛教授非常喜欢这幅画，因此每次展出时我都陪同他前来观赏，当时《千里江山图》展出时，前来参观的观众并不多，更没有排起长队。而此次《千里江山图》展出以来，大批热情观众前来参观，一度排起长长的队伍，需要等候数小时。为了方便观众舒适观展，减少排队等候时间，故宫博物院对展示《千里江山图》的午门正殿展厅实行发号分时参观的措施。发号方式为每天免费发放16个时段的号码，每半小时放行该时段的150名观众进入午门正殿展厅，发号地点就在特展入口处，凭号参观仅限午门正殿展厅。

这一举措，结合展览之初已经实行的限流分流方案，从时间和空间上对此次大展形成分时分区管控，实施效果良好。早上8点半，观众由午门入院后，部分观众径直来到特展入口处。故宫工作人员放行前150名观众进入展区，向其余观众依次发放全天其他时段参观号码，并在入口一侧摆放有提示当下参观时段及号码的指示牌。观众如果不想排队看《千里江山图》，只参观午门东西雁翅楼的其他展品，则无须领号排队即可进入展区。

采取这一系列措施后，午门展区入口全天未再出现观众排长队现象，仅午门正殿展厅保持有数十人的队伍，平均等候30分钟左右即可参观到《千里江山图》这一组展品，参观其他展品则完全不需要排队。发号分时参观措施的实行有几个好处：一是大幅度减少观众排队等候时间，领号后可以自由参观故宫博物院其他精彩展览或是休息用餐；二是使更多的观众可以登上雁翅楼，参观众多珍贵书画展品；三是观展秩序有效提升，观众的心情也更加愉快，不再因为长时间排队等候而烦躁，有利于维护整个展厅的观展氛围。在此我们也呼吁观众参观此类展览不要盲目排队，不要把注意力仅仅集中于某件单幅展品，而忽视了其他同样难得一见的书画珍品。

武英殿四僧书画展

与2015年的“石渠宝笈特展”一样，参观“千里江山——历代青绿山水画特展”的观众中，30岁以下的占了七成左右。我们欣喜地看到，年轻人对祖国的灿烂文化感兴趣，博物馆文化已经成为年轻人文化生活的一部分。也许过去绝大多数观众并不知道什么是“石渠宝笈”，什么是“千里江山”，而今天这些成为几乎人人皆知的“热词”，这些展览也成为颇具影响的博物馆展览。

可以说，近年来我们期待观众进入故宫之后“多看展览”的心愿，的确正在一步一步地实现。以2017年国庆期间为例，除了珍宝馆、钟表馆、陶

徽匠神韵

瓷馆等常设展览接待大量观众外，近两年新开放的慈宁宫雕塑馆和寿康宫原状陈列及主题展览分别接待了 18.3 万和 12.6 万名观众。同时，在午门正殿及东西雁翅楼展出的“千里江山——历代青绿山水画特展”接待了 12.6 万名观众，其中 2.3 万名观众分时段观看了午门正殿内展出的“千里江山图”；在武英殿展出的“赵孟頫书画特展”接待了 3.5 万名观众；在神武门城楼展出的“茜茜公主与匈牙利：17—19 世纪匈牙利贵族生活展”接待的观众数量最多，达 21.3 万人，其中一个重要原因是神武门两侧的城墙首次开放；在永寿宫及慈宁宫花园展出的“天禄永昌——故宫博物院藏瑞鹿文物特展”

分别接待了10.6万名和9.1万名观众；在斋宫展出的“明代御窑瓷器——景德镇御窑遗址出土与故宫博物院藏传世弘治、正德瓷器对比展”接待了9.5万名观众。仅这些展览在国庆期间就吸引了100万名左右的观众参观。

故宫博物院的陈列展览，同时有这么多的观众集中观看，这在过去是难以想象的情况。这些展览彰显了故宫文化和故宫博物院特色，社会反响良好。同时由于主要分布在东、西两路，为观众集中的中轴线减压不少，也改变了观众进入故宫博物院后“目不斜视”地往前走的状况。

虽然故宫博物院在扩大开放和展览服务方面有了不少进展，但故宫博物院的文化资源呈现还远远不够，目前，故宫博物院的展厅主要利用故宫古建筑，受展出空间和条件的限制，展出文物约3万件，仅占故宫博物院文物藏品的2%，无法全面向社会公众展示故宫博物院珍贵文物的整体面貌。同时，由于受到文物建筑特性的限制，文物藏品的保养和修复工作还存在很大难度。因此，寻求新的发展空间，确保故宫文化遗产安全，成为故宫博物院不可回避的责任和使命。

近两年，故宫博物院在一期、二期地下文物库房的基础上，正在进行地下文物库房的扩建，竣工以后故宫博物院约110万件文物将按不同类别、不同等级，入藏各自适宜的恒温恒湿地库，其中包括近20万件当下“住”在地面古建筑内的文物。

目前，故宫博物院开始计划系统地开放一些地面库房，用作仓储式展厅，使更多的文物藏品得以展示。例如首先开放了南大库。这座地面库房规模很大，长度有156米。于是我们下决心对南大库进行彻底整治，建成了故宫博物院家具馆。如今看到观众们在家具馆里面参观，兴致勃勃，流连忘返，我们感到非常欣慰。故宫博物院决定陆续打开更多库房，将文物藏品进行仓储式陈列展示，例如古代书版仓储式陈列展馆、古建筑构件仓储式陈列展馆、陶瓷仓储式陈列展馆、车马轿舆仓储式陈列展馆、中和韶乐仓储式陈列展馆等，使每年展示的文物藏品倍增，使观众参观故宫博物院时有更多的收获。仓储式陈列展示不但能够使大量文物藏品改善保管状况，而且使这些文物藏品成为文物展品，使更多的珍贵文物与观众见面，例如正在筹备的古代书版仓储式陈列展馆，能够使 24 万块珍贵的书版文物得到保护展示。

正在筹备的故宫博物院北院区建成之后，就能解决院藏大量大型珍贵文物如大型家具、大幅地毯、巨幅绘画、卤簿仪仗等，因场地局限而长期无法得到及时、大规模的科学保护和有效展示的问题，同时把传统文物修复的技艺，即非物质文化遗产展示给公众。相信届时前来参观的观众，都会被故宫文化的魅力深深吸引。

2020 年紫禁城建成 600 年之际，每年与观众见面的文物将超过 10 万件。而在展出藏品比例方面，2012 年左右，故宫博物院展出文物藏品只占馆藏的 1%，我们希望 2020 年这个比例能提升到 8% 左右，2025 年展出文物藏品则能提升到 30%。故宫博物院蕴藏着无法估量的文化资源，等待你我发现。如何通过系统梳理传统文化资源，“让收藏在禁宫里的文物、陈列在广阔大地上的遗产、书写在古籍里的文字都活起来”，以多种方式努力展示中华文化独特魅力，是故宫博物院努力的方向。

叁

故宫博物院是个教育机构，也是个研究机构

故宫青少年教育活动全部免费，因为我们坚信，在博物馆成长起来的青少年，长大以后一定是对中华传统文化热爱的一代，对于博物馆文化有感情的一代。

我们陶瓷专家耿宝昌先生年近百岁了，天气暖和每天都上班。故宫博物院的老专家们，一生奉献给故宫学术研究，是故宫事业发展最重要的支撑力量，如今应该创造条件把老专家们留在工作岗位上。当他们继续活跃在研究领域，身边就会有两三名年轻学者与他们一起工作，他们的经验、他们的智慧就传承了下来。

志愿者——故宫的亮丽风景

相信大家在参观故宫时都会发现，每一处展厅，比如珍宝馆、钟表馆、书画馆、陶瓷馆等，都有一群佩戴证件、身穿统一服装的人，耐心地给观众做着讲解。在他们身旁，也总会围着一圈仔细聆听的观众。这些人就是我们故宫博物院可爱的志愿者。他们是故宫的一道亮丽风景，也是故宫宣传教育工作的一面旗帜。他们来自各个行业、各个年龄段，服务内容涉及讲解、咨询、教育项目和志愿宣讲等。经过十余年实践历练，故宫志愿者团队已经成长为一支优质的志愿服务团队。

2004 年 12 月 5 日，故宫博物院首次向社会发布志愿者招募信息，公开招募第一批志愿者。当时共收到报名简历 1500 余份，其中 450 名候选人进入面试，约 300 人通过培训考核，最终成为故宫博物院的首批志愿者。到 2018 年年底，累计注册志愿者已达到近 3000 人次，累计提供服务达到 13 万小时，涉及公众总数近 60 万人次。

最初，故宫志愿者以故宫博物院常设专馆展览讲解为起步，现在讲解区域已覆盖到故宫博物院的 10 个展厅，包括钟表馆、珍宝馆、石鼓馆、戏曲馆、青铜器馆、陶瓷馆、书画馆等，还承担过清帝大婚展、延禧宫陶瓷特展、兰亭特展等展览的讲解工作。此外，故宫志愿者还承担着故宫博物院外事接待和新员工专馆讲解培训等工作，参与故宫博物院组织的各项文化遗产宣传和保护活动，包括观众咨询、临时展览讲解，以及观众问卷调查、公众教育项目的研发与实施。

故宫志愿者积极参加国际博物馆日、中国文化遗产日等大型主题日的主题宣讲活动，以及黄金周观众高峰日的咨询服务活动。例如在 5·18 国际博物馆日，志愿者们向观众发放刻有故宫标识和“无烟故宫”宣传语的彩色手环，告知观众不要把打火机等火源带进紫禁城，劝阻个别观众在参观过程中的不文明行为。在太和门观众咨询中心，志愿者们统一着装，耐心解答观众问题，积极倡导文明参观，宣传“平安故宫”理念，向观众发放故宫知识问答卡并赠送书签等纪念品。

故宫志愿者还积极走出故宫博物院传播、弘扬故宫文化。2012 年 5 月国际博物馆日，“故宫文化”志愿宣讲团正式成立。团队全部由故宫志愿者组成，他们把在故宫博物院展厅内的宣讲内容带到社区民众中间，突破了展厅展览的空间限制，扩大了志愿服务的范围。在宣教部的配合下，志愿者老师根据故宫博物院的历史沿革、古代建筑、文物藏品，以及陈列展览等内容选定了近 20 个宣讲主题，每段讲述的时长约 20 分钟。与此同时，故宫志愿者也参与到学校的教学中。例如 2012 年 9—12 月，故宫志愿者承担了北京市第十五中学高一年级共 11 个班每月最后一节历史课的讲课任务，授课内容均是经过精心准备的“故宫文化”故事。中学生们通过通俗易懂的历史故事，了解博大精深的故宫文化内涵，取得良好的效果。

故宫志愿者还负责每一次新志愿者的招募、培训和各种考核，包括外籍志愿者工作的开展。由于外籍志愿者涉及语种繁多，因而对外籍志愿者的联络、面试和培训的所有过程，都有志愿者参与或主要承担。例如故宫志愿者陈文青女士既有在海外学习的背景，也有在故宫博物院志愿者服务的丰富经历，在外籍志愿者招募和培训项目中发挥了十分重要的作用。

由于故宫博物院的文化身份极为特殊，具有多重性，既是博物馆，又是世界文化遗产，还是著名的文化旅游目的地，所以故宫博物院的观众群体成分多元、需求多样，更需要通过志愿者服务满足各界观众的不同文化需求。故宫志愿者团队自成立以来，为故宫博物院的文化遗产保护和开放服务提供了不少好的建议。同样，故宫博物院也很重视来自故宫志愿者的声音，从2012年“故宫人最喜爱的文物”评选活动，到近几年来故宫博物院召开的多次媒体通报会，都会邀请故宫志愿者参加，认真听取各位志愿者老师的意见，并根据这些意见积极改进工作，取得了很好的效果。

2007年12月，在故宫志愿者的推选下，第一届故宫志愿者委员会成立了。故宫志愿者委员会由七人组成，设主任委员一名，秘书委员一名，委员五名。主要职责是全面落实《故宫志愿者服务章程》；在宣教部的指导下组织对志愿者的业务培训；组织志愿者的观摩、交流活动；编纂有志愿者服务的专馆展品和相关文物讲解文稿；协助宣教部做好故宫志愿者的日常管理工作等。为了能不断提高讲解水平、加强专业素质，故宫志愿者还建立了培训考核机制，每年定期进行业务学习，组织“故宫志愿者讲解比赛”，通过比赛相互交流学习。

故宫博物院对志愿者的基本工作要求是每周为公众服务一次，每次服务不低于两小时。可以说故宫志愿者团队是全国博物馆志愿者团队中管理最规范、人员最稳定、流动性最低、结构最合理的志愿者团队之一。故宫志愿者

“五一”小长假志愿者上岗（2014年5月2日）

对故宫文化遗产充满热爱之情，在公众服务中倾注了真挚情感，全身心地投入志愿服务工作，为故宫博物院的公共服务事业做出无私的重要奉献。

2017年，故宫志愿者团队已经达到220名。虽然220人在博物馆志愿者中算不上是一个数量特别大的团队，但是故宫博物院的志愿服务始终追求的是服务质量。2017年，220名志愿者老师绝大多数都实现了每年为观众服务至少72小时的承诺，共为观众提供了包括院内专馆及特展讲解、主题日讲解咨询、深入社区和学校的故宫文化宣讲，以及教育活动项目等各项服务，累计时长共14 722.5小时，有88 142人次的观众从中受益，创下了近年来的一个新高。

几年来，我亲身感受到了故宫志愿服务的发展与变化。故宫博物院的开放环境比较特殊，一方面展厅都是古建筑，另一方面是露大的开放区域特别大，志愿者老师在服务中往往要穿行很多区域，例如珍宝馆所在的宁寿宫区域总面积 4.8 万平方米，最多时包含 9 个展室，展出文物 400 多件，季节变化中也经常要面对严寒酷暑的考验。因此，平常我在展厅里面看到的志愿者老师，都穿得非常朴素，为了行动更加方便，一般穿的都是平底鞋，为了观众能够更容易找到他们，大部分时间都穿着醒目的黄马甲。

其实，故宫志愿者老师都是“多面手”和“实力派”，这一点在我们每年召开的志愿者总结大会上就能体现出来。

故宫志愿者老师们来自各行各业，例如，讲解《千里江山图》的王建南老师是大学教授，获得定岗全勤奖的王强辉老师是外企高管，表演诗朗诵的王世玲老师是电台专业的播音员。大家在百忙之中抽出时间来参与志愿服务，表明了对故宫博物院的热爱。郑立清老师退休前的单位是高能物理研究所，退休后于 2004 年成为故宫博物院第一批志愿者。马亮老师在北京铁路局京藏车队工作，自 2004 年成为故宫博物院第一批志愿者以来，克服了很多困难，始终坚守岗位。很多故宫志愿者老师在做好志愿服务工作的同时，也为故宫志愿者团队建设做出了积极贡献。苏力老师是故宫博物院第一批志愿者，担任故宫志愿者团队组织服务工作，奉献出很多精力和心血。王辉老师是第二批志愿者，曾参加故宫志愿者讲述团，在 5 · 18 国际博物馆日成功为观众进行讲述，此后在社区、学校数十次为社会公众进行讲述。第一批志愿者王新华老师经常利用自己的医务经验和烹饪技巧为大家服务。

每次开会，往往会有一些志愿者老师上台展示，纷纷拿出“看家本领”，舞台上异彩纷呈。大家以自己服务的专馆划分“阵营”，同台竞技，展示讲解业务、表演才艺特长。志愿者们讲解的文物都是各专馆为人熟知的经典展品，娓娓道来，充满新意。才艺表演则汇集大家喜闻乐见的歌唱与朗诵、精致典雅的昆曲与管弦乐，以及令人耳目一新的沙画、光影画等。同时，每次开会时也都要对故宫博物院志愿服务优秀及贡献较大的志愿者老师进行表彰和奖励，共评选出“志愿服务满1000小时”“志愿服务优秀”和“定时定岗全勤”三个奖项，36位志愿者老师获奖。其中以“定时定岗全勤”最为难得，需要志愿者老师全年每周均在固定时间到达固定岗位，为观众提供讲解咨询。该奖项获得者之一的严宝生老师就是一位在故宫博物院从事志愿服务13年的资深志愿者，累计提供讲解服务时长达1240小时。52岁的“最美志愿者”霍慢忆老师作为故宫志愿者提供讲解服务已有10个年头，累计服务656次，1932小时。

过去几年，我曾多次参加志愿者团队的年终总结会，与众多志愿者老师都是朋友。每年，我都能看到不少志愿者当中的老面孔，与此同时，每年我也能够看到有新面孔加入。2017年我们开志愿者总结会时，会议把我介绍为“来宾”，我对这个身份很不认可。我常说自己是故宫博物院的看门人，其实我也是故宫博物院的一名讲解员，我对于宣传讲解的艰辛和愉快有着切身感受。

2015年，故宫博物院九十周年院庆的时候，出版了一本《故宫人》全家福影集，里面收集了当时故宫博物院所有同仁的照片和资料，其中就专门有一章是讲述故宫志愿者。

大家都记得2017年年底第一季《国家宝藏》里故宫的那期节目，当时《国家宝藏》栏目对故宫博物院发出邀请，请我们推荐“故宫宝藏”和“护宝人”，我就想到，请故宫志愿者来担当“护宝人”这个角色应该再合适不过。因此故宫博物院决定，请故宫志愿者代表“故宫人”登上中央电视台的舞台，向全国乃至全世界的观众介绍、守护故宫的文化宝藏。后来证明，志愿者代表们的出镜，得到了观众的一致好评，获得了非常理想的效果。

故宫志愿者能够取得这样的成绩，是故宫志愿者大家庭共同努力的结果，

5・18 博物馆日故宫博物院系列活动（2012 年 5 月 18 日）

既包括全体志愿者老师的热情奉献和自我管理，也包括故宫博物院各部处，特别是宣教部同仁们的认真工作，同样离不开来自志愿者老师家庭的鼎力支持、社会公众的鼓励包容，以及媒体朋友们的热情关注。作为沟通观众与故宫博物院的一个枢纽、一座桥梁，故宫志愿者是非常可爱、非常敬业、非常称职的团队，他们也成了故宫博物院的一张名片，成为故宫博物院的一面镜子。

2018 年，我们的志愿者服务领域又有了拓展。当时，故宫文物医院经过三年的筹建，一年多的试运行，各项工作准备基本就绪，也接待了很多文物博物馆界专业人士和重要外宾。我们在逐渐探索如何让人们进入故宫文物医院，了解故宫文物修复工作。为了在开放参观时不影响文物医生的日常业

故宫博物院志愿者招募面试活动（2017 年 4 月 28 日）

务工作，又让观众得以近距离欣赏文物修复，获得高质量的参观体验，经过研究，我们决定控制故宫文物医院的开放时间和参观人数，同时面向社会公开招募志愿者。此次启动志愿者招募活动，目的即在不影响文物修复师日常业务工作的同时，让观众能够近距离欣赏故宫文物修复工作，并获得满意的参观讲解体验，从而使博物馆文化展示能够更加多元、更加深入地走近观众，分享给观众。

2018 年 3 月 15 日，故宫博物院官网、官方微博、“故宫宣教”微信公众号同时向公众发布志愿者招募启事，共收到有效简历 871 份。应募者年龄、性别、职业、学历各方面均呈现多样性，其中以中青年、女性、本科和硕士学历、在职者居多。故宫文物医院简历筛选小组设立了多方面的初选评判依据，对简历进行筛选。经过严格的初步筛选，共有 75 份简历通过，作为面试入选人员。

2018 年 4 月 16 日下午、4 月 17 日上午，故宫文物医院首批志愿者招募培训工作启动，面试应到 75 人，实到 73 人。故宫文物医院设立了 5 组面试席，每组 3 位面试员。在首轮面试活动中，每位面试者在 6 分钟的时间内，自选一件喜欢的文物，3 分钟内完成对此件文物的介绍，借此考察面试者的表达、逻辑与感染能力。另设回答问题环节，问题根据应募者的年龄设置为 20 至 30 岁，30 至 50 岁及 50 岁以上三个部分，针对性地考察应募者的仪容性格、身体状况、表达能力、逻辑思维、时间安排，对文物博物馆工作的认知和兴趣等要素，依据应募者的表现情况综合评议，每组选取分值高的前 7 名，5 组共计 35 人，进入第二轮面试。4 月 17 日下午对进入第二轮面试的人员进行了通知。

第二轮面试依然分为五组进行。其中要求面试者用 5 分钟时间对《清明上河图》进行讲解。然后，速读一则小故事，进行现场讲解。从其讲解的知识性、趣味性、信息抓取能力和语言组织能力四个方面进行考评。接着面试员可根据面试者的具体情况提问相关问题。最后以各项的分值进行排名，并先期录取 25 人进入岗前培训。培训时，依据这些志愿者的兴趣和学科背景，分为 A、B、C 三个小组，对应故宫文物医院的三段建筑功能分区进行针对性培训，安排志愿者进行定点讲解，经过现场模拟训练后正式上岗。这些志愿者经过了严格考验，都有很高的学科素养，以教师、高校硕士、博士为主，还有电视台和广播电台主持人等。他们个个能力出色，风采各异，充满热情。经过为期一个月的培训后，依据两部分的考试成绩综合考评，选择 18 人作为故宫文物医院的准志愿者。可以说，考“故宫文物医院志愿者”比考国家重点大学还要难。我参加了第二轮面试工作，印象很深。面试难度很大，以至于北京电视台报道此次招聘面试时，形容其“难度形同艺考”。

2018 年 6 月 9 日恰逢“文化和自然遗产日”，对故宫志愿者来说是个大日子。故宫文物医院迎来了第一批 40 名预约观众，故宫文物医院的志愿者也正式上岗，向来自世界各地的观众提供讲解服务。就在同一天，故宫博物院于太和门广场及各专馆入口处设立咨询台，由故宫志愿者“坐镇”，为观众解答参观疑问、规划参观路线、推介志愿者讲解。观众还能与故宫志愿者进行现场互动，参与有奖问答活动，获得精美的故宫博物院奖品。而在专馆内，面向观众的志愿者讲解也如期展开。面对展厅中琳琅满目的文物藏品，经验丰富的故宫志愿者娓娓道来，和观众一起开启一场场精彩的文化之旅。

让孩子们认识故宫

孩子是我们社会的未来，也一直是接受教育的“主力军”。故宫是世界文化遗产，也是中国最为知名的博物馆。我们理应让更多的孩子认识故宫。认识故宫，不仅可以了解丰富的中国历史，了解各种类别精美的文物，了解那些精湛的工艺与高超的技术，还可以了解到故宫是如何从“封建皇宫”成为“大众的博物馆”，了解到故宫博物院一脉相承的持之以恒的“匠人精神”，了解到“故宫人”在各个时代“不忘初心”的文物保护精神。从这些意义上来看，故宫博物院在孩子们身上投入更多的教育，是非常必要的。

社会教育，特别是青少年教育工作是故宫博物院的工作重点。在针对青少年宣传教育方面，故宫博物院一直寻求探索适合青少年特点的教育方式，让博物馆成为学校之外的第二课堂。从 2004 年 3 月 1 日起，故宫博物院在全国率先对中小学生集体实行免票参观和义务讲解：每周二设为学生团体免票日，针对有组织的中小学生团体、大学相关院系学生团体免费接待参观；自 2006 年开始，利用中小学生放假期间举办的“故宫知识课堂”活动，内容充实、形式多样、氛围活跃，深受学生和家长的欢迎；利用“国际博物馆日”和中国“文化和自然遗产日”组织学生来到故宫博物院参观、参加各类活动，担任志愿者；与北京故宫文物保护基金会合作，通过“孩子，圆你故宫梦”等项目，将文化活动带到偏远山村小学，开展知识与动手相结合的儿童课程；研发适合青少年的“数字故宫”项目，通过视频短片、互动设计、故宫网站青少年版、APP 等潜移默化的形式，让不同的社会群体了解故宫文化内涵；研发面向青少年观众的卡通系列文化产品等。

故宫博物院努力架起沟通的“桥梁”，以内容丰富、形式生动的校外课堂形式，让更多青少年了解、传承优秀的传统文化。其中，以 2006 年正式推出的“故宫知识课堂”为品牌的公众教育项目，因轻松活泼和普及性、参与性强等优势，易于在各项文化活动中推广，也受到公众的欢迎。十多年来，上万名学生走进故宫博物院，走进“故宫知识课堂”，身临其境地感受中国传统文化。例如根据故宫古建筑和故宫博物院藏品研发的“仰望太和殿，一起看斗拱”“屋檐下的缤纷彩画”“机巧连环探榫卯”“布艺堆绣，巧仿瓷瓶”“朝珠 DIY”“青白相间，妙笔生花”“皇帝的新衣”“宫廷里的遂心‘如意’”活动，根据展览研发的“霓裳彩绘”“寻访石鼓”“瓷片觅踪”“合卺礼成”“中印佛教雕塑展教师工作坊”活动，根据明清宫廷历史、文化研发的“上元结彩，巧手生辉”“宫中过端午，夏日‘粽’动员”“书福迎春”“玩转乾隆印，巧刻橡皮章”“甲胄八旗”活动等，知识讲述、现场互动、动手制作相结合，深受青少年和家长的好评。比如我们曾开展过一项名为“八旗娃娃放肆萌”的布艺人偶 DIY 活动，活动对象为 8~12 岁少年，活动知识模块是了解八旗制度的内容、起源、发展与方位规则及京师八旗作为维护清朝稳定的主要军事力量的驻防方位与编制。此外还提供了布艺人偶 DIY 材料

国际博物馆日“故宫一小时”少年儿童主题活动

包，让大家都可以亲自动手制作，激发创意思维，表达独特个性。

为了进一步增强故宫博物院社会教育职能，推广故宫博物院宣传教育项目品牌，故宫博物院又于2016年年底成立了故宫教育中心。该中心位于太和门广场西侧、熙和门南北庑房内，面积约800平方米，由教育项目展示区、主题活动教室、工作区及志愿者工作站等四个不同主题功能的教室和辅助空间组成。作为重要的公众教育基地，其意义在于充分整合故宫博物院现有教育资源，开展针对不同年龄观众的教育或研修活动，尤其为常年面向中小学生及家庭观众提供各类具有故宫特色、内容丰富、形式多样的专题教育项目，

故宫教育中心活动（2016 年 12 月 29 日）

提供了灵活便利的场地空间。与此同时，故宫博物院也把更多的空间用于社会教育，增加了一批大教室，使更多的班级、更多的同学们能够来到故宫博物院学习。故宫博物院还有一个得天独厚的条件，就是几十个庭院都非常安全，春天、夏天、秋天天气好的时候，很多庭院都被同学们丰富多彩的活动所利用，庭院里、树荫下都成为同学们的知识课堂。

这几年，故宫博物院的社会教育活动也深入到更多城市，例如到四川成都、吉林长春、贵州毕节、广东东莞、河北秦皇岛等。不仅如此，故宫博物院的公众教育活动还频频走出国门、走向世界，例如前往马耳他、新加坡、

“故宫知识课堂”在宜兴博物馆（2017 年 1 月 12 日）

接待甘肃、青海学生（2017 年 2 月 28 日）

泰国、澳大利亚等地，以生动的知识讲解和手工体验课程，获得了各国青少年的喜爱。例如2017年，故宫博物院应海外中国文化中心邀请赴泰国曼谷和澳大利亚悉尼举办教育活动12场，主题有“朝珠DIY”“宫廷里的遂心‘如意’”“康熙同学的西学课”“彩绘龙袍”和“折纸龙袍”等，约有350名青少年参与，反响强烈。

故宫博物院不断把握文博领域新动向，设计更多更好的教育课程。比如近年来非物质文化遗产受到越来越多的重视，故宫博物院就在2018年挑选了传拓和雕版印刷两项技艺，向预约前来的数十名中小学生开展非物质文化遗产技艺体验课程。传拓，即制作拓本，是一种用纸和墨及传拓工具将铸刻在金石器物上的文字或图案捶印下来的传统技法。传拓工艺作为我国古老的传统技艺，产生于南北朝时期并流传至今，很多珍贵的文献资料通过传拓工艺才得以完整保存，传承至今。30位中学生参加传拓技艺体验课程，了解什么是拓片以及拓片制作的悠久历史，体验和学习妙不可言的传拓工艺，并制作一张属于自己的拓片。在传拓工艺基础上发明的雕版印刷术则是一种运用刀具在木板上雕刻文字或图案，再用墨、纸、绢等材料印刷、装订成书籍的一种特殊技艺，在2009年就正式入选《世界人类非物质文化遗产代表作名录》。雕版印刷体验课中，15组小学生家庭以亲子活动的形式共同了解雕版印刷的历史，动手印制木板图画，感受雕版印刷的独特魅力。通过这样生动的课程，同学们不仅掌握了一项实践技能，更对我们的非物质传统文化有了更深的认知。

我一直想说，生命中真正重要的不是你遭遇了什么，而是你记住了什么，又是如何铭记的。在我小的时候，父母曾经带我参观故宫博物院。那时的情景今天还历历在目，成为生活中永远留存的珍贵记忆。几年来，每当参加5·18国际博物馆日举办的亲子教育活动，每当看到在爆满的“故宫知识讲堂”内，青少年们动手参与串朝珠、绘龙袍、画盘子、包粽子等活动，我都感到这些参与性的教育活动，必将使他们从小感受中华传统文化，潜移默化地影响他们的未来。无论是学习绘画也好，练习书法也好，手工制作也好，都会使他们对故宫博物院产生难以割舍的感情。这些青少年们长大以后，一定是故宫文化的积极传播者，一定是故宫事业发展的坚定支持者，一定是故宫服务公众的热情志愿者，他们是故宫博物院的未来。

故宫博物院与北京故宫文物保护基金会合作的“孩子，圆你故宫梦”自2012年启动以来，先后在贵州省毕节市威宁县、黔西南州贞丰县、铜仁市万山区等地区开展，到访当地小学10所，开设公益教育课程数十场次，捐赠图书6500余册，参与学生达到2500人次，取得了良好的社会效果。经过几年的发展与积累，该项目从2017年起扩展为“圆梦活动”，为贵州乡村小学生提供一个了解故宫、走进故宫、学习历史、感受文化的机会，让传统文化通过多种传播形式，在信息化时代持续传承和弘扬，真正意义上为孩子们圆“故宫梦”。

大家都知道，故宫博物院是我国从事博物馆数字化最早的博物馆之一，也是开展新媒体业务相当早的博物馆之一。我们也没有忘记在故宫网站、APP以及新媒体上开设更多的“青少年”定制板块。

我们制作了专门的故宫青少年网站，并把它做得更加活泼，无论从形式和内容设计上都充分考虑青少年的特点，以情境交互式地图颠覆刻板的栏目，在形象化的探索中感知故宫博物院的建筑、展览、文物藏品，整个过程中穿插着各种类型的游戏，以及图文并茂、通俗易懂的文化专题。当今社会的孩子们上网已成为常见现象，我们也希望能借助网站，让他们多走进故宫博物院，把中华优秀传统文化传承给下一代。

故宫博物院从2013年开始出品系列APP，至今已经有10个故宫APP

故宫教育中心启用

设立故宫儿童文化创意体验店

在应用,每一个都获奖了,给了我们很大的鼓励。例如通过APP“皇帝的一天”,孩子们可以了解过去皇帝读什么书、用什么科学仪器、吃什么食品、接触什么人等，觉得特别有趣，所以小粉丝特别多。

故宫文化的传播仅靠一己之力远远不够，因此，故宫博物院注重与重要文化机构和知名基金会、企业的多元合作。如2015年，故宫出版社与香港赵广超先生的工作室携手，成立了故宫文化研发小组。故宫文化研发小组开展的“小小紫禁城”教育工作坊项目，已在海内外多个国家的中小学校进行义务教育推广，讲述包括皇宫、建筑、皇家人物、花园、器物、纹饰等不同主题的故事。工作坊举办近5000次，参与人数超过53 000人，并举办多个面向学校和社会公众的多媒体展览，总参观规模超过11万人次。

故宫博物院与中国儿童艺术剧院签署了战略合作协议。双方签约合作的第一项举措，就是分别在故宫博物院和中国儿童剧场连续开展了两场公益慰问演出。上午，故宫博物院专场接待了260多名来自希望小学的学生。下午，中国儿童艺术剧院公益演出面向包括首都外来务工人员子女、低保家庭、孤残儿童等困难群体，让这些平日很少有机会走进剧场的700余名少年儿童也能走进剧场，感受高雅艺术。

故宫博物院正在通过独特的方式，努力将中华文明的烙印刻在孩子们的心里。故宫青少年教育活动全部免费，因为我们坚信，在博物馆成长起来的青少年，长大以后一定是对中华传统文化热爱的一代，对于博物馆文化有感情的一代。故宫博物院是世界上接待观众数量最多的博物馆，具有开展更多社会教育活动的能量，应该更加努力，通过丰富多彩的文化活动，使故宫博物院成为社会生活中一片文化的绿洲。未来，我们还将继续推出各类具有故宫特色、内容丰富、形式多样的教育项目，提供更加深入浅出的文化体验，更加全面，立体地发挥故宫博物院的社会教育功能。

承乾宫梨花

希望孩子们参加故宫博物院教育活动以后，深刻认识故宫文化的独特价值，做中华优秀传统文化的继承者。未来文化遗产保护、研究的责任和希望就寄托在他们身上。

从“故宫学”到“故宫研究院”

近代中国的博物馆事业发轫于1905年，20年后的1925年，故宫博物院在明清皇宫基础上建立起来，实现了从封建王朝禁宫到公众博物馆的历史转变，成为我国博物馆事业发展的重要标志。故宫蕴藏着中华民族数千年的文化积淀，文渊深厚，文脉流长。故宫博物院的建立，使皇家的秘藏从此成为公共学术研究的对象。

研究是博物馆必不可少的基本职能之一。故宫博物院建院之初，就明确提出学术研究要“多延揽学者专家，为学术公开张本”，集中并吸引了一批一流的专家和学者，体现出社会性、开放性的特点。20世纪50年代后，唐兰、罗福颐、陈万里、冯先铭、单士元、于倬云、刘九庵、朱家溍、徐邦达先生等一批享誉海内外的专家学者活跃在这里。从此，故宫博物院也成为我国学术研究的重地，在中国博物馆学形成和发展过程中发挥过重要作用，在明清历史和宫廷文化、中国艺术史、中国古代建筑以及文物保护与鉴定等领域，占有重要而独特的地位。

进入新的世纪，故宫博物院对外交流与合作的步伐不断加大，在学术研究上也出现了成果迭出、大批人才脱颖而出的新气象。2003年10月，郑欣淼先生立足于对故宫及故宫博物院的认识和定位提出建立“故宫学”。故宫学是以故宫及其丰富收藏为研究对象的一门科学，其研究领域主要包括紫禁城宫殿建筑群、文物典藏、宫廷历史文化遗存、明清档案、清宫典籍、故宫博物院的历史等六个主要方面，有着丰富深邃的学科内涵。

故宫学术领域宽泛，涉及诸多学科，其繁复的程度几乎可与综合性大学的学科门类相比拟。故宫学把故宫作为一个文化整体来看待。古建筑、文物藏品、历史遗存以及在此发生过的人和事，是一个不可分割的文化整体。紫禁城在近几百年的延续中，虽然也有变异，但是相对来说具有稳定性，充分体现了中华传统的主流文化，同时更带有多民族文化融合的特征。故宫学所研究的故宫文化，是包括皇家文化在内的更为丰富、广阔的文化领域，涉及历史、政治、建筑、古器物、档案、图书、艺术、宗教、民俗、科技、博物馆等诸多自成体系的学科。

2005 年，故宫博物院成立了“古陶瓷研究中心”和“古书画研究中心”。其中古陶瓷研究中心于 2008 年 2 月被正式批准为“古陶瓷保护研究国家文物局重点科研基地（故宫博物院）”，其研究对象主要是故宫博物院收藏的 36.7 万件古陶瓷类文物、古窑址采集的六七万片古陶瓷标本、清宫遗留下来的万余片陶瓷标本，以及世界各地收藏的中国古代陶瓷。具体研究内容包括对不同时期、不同产地、不同类型古陶瓷制作原料、工艺、结构，以及相关性质的科学研究；对古陶瓷年代、窑口、真伪的科学研究；对古陶瓷的科学保管、修复和复制等技术的科学研究等。基地人才队伍充足、古陶瓷样品资源丰富、仪器设备先进，是对古陶瓷重点领域和难点问题进

故宫研究院成立大会（2013 年 10 月 23 日）

行综合研究的场所和机构。

2013 年 10 月，故宫研究院成立，张忠培先生担任故宫研究院名誉院长，郑欣淼先生担任院长。故宫研究院以创建“学术故宫”为宗旨，是故宫博物院为与国内外著名专家学者开展合作研究和交流而成立的非建制的综合性学术机构。故宫研究院的成立，既是继承故宫博物院优良的学术传统，也饱含着对博物馆发展理念的新思考，着力规划故宫学术新布局，构建体制创新、机制灵活、学术民主的高端学术研究平台，推动对故宫文化及其蕴含的丰富价值的研究，产生高质量的综合研究成果。故宫研究院以故宫

故宫文物医院揭牌仪式（2016 年 12 月 29 日）

博物院在职和退休专家学者为主体，积极吸纳国内外知名专家学者，取长补短，共同建构开放式的高端学术平台。多项科研课题也按计划进行，有的已经取得了丰硕的成果，例如“走马楼吴简整理项目”“故宫博物院藏甲骨整理与研究项目”等。

在故宫研究院旗下，经过整合、充实和补充，已有研究室、博士后科研工作站、故宫学研究所、考古研究所、古文献研究所、明清宫廷历史档案研究所、古建筑研究所、宫廷戏曲研究所、明清宫廷制作技艺研究所、文博法治研究所、陶瓷研究所、书画研究所、藏传佛教文物研究所、宫廷园艺研究所、中国画法研究所、中外文化交流研究所、中国书法研究所、钟表研究所，宫廷原状研究所、故宫文物南迁研究所、世界文明古国研究所、影视研究所、中医药文化研究所、玉文化研究所、古书画鉴藏研究所、文物保护科技研究所、知识产权研究所及建筑与规划研究所，共 1 室 1 站 26 所，基本完成了故宫学术的总体布局和机构建设。这其中只有研究室、故宫学研究所、考古研究所为建制机构。研究室是研究院的办事和联络机构，以一个建制单位保障 20 余个非建制单位的正常运转，是在新形势下的新探索。

在博物馆如何组织、发展大型学术研究机构，是一个崭新的工作课题。在以文化积累与传承为主要特色的博物馆，成立大型研究机构，在博物馆发展史上没有先例。

故宫研究院机构建设去行政化，坚持“非建制，不虚名；做项目，出成果；定计划，重实效；有特色，创品牌”的特色。“科研项目制”为故宫研究院推动学术研究工作的基本模式，一切学术组织与实施均以“科研项目制”为依归，各研究所的学术工作和活动均指向实实在在的学术项目，设备配备、人员配置、工作推进、方法探索均落实到一个个具体的国家科研项目上，使启动的项目阶段明朗、成果可期。

通过学术管理机制的整合，将故宫的学术研究活动从个人化的层次提升为全院整体性的层面，形成合力，使故宫学术工作获得更为宽阔的发展空间，特别是通过故宫研究院的组织机构建设成集中智力、物力和财力的学术研究平台。例如明清宫廷制作技艺研究所与法国国家科学院东亚文化研究所、法国利摩日珐琅艺术博物馆、法国集美博物馆、法国卢浮宫实验室等机构于 2016 年 3 月联合成立了“中国珐琅艺术研究”课题组。自课题启动以来，中法合作研究事宜顺利进行，双边往来不断加强。

故宫研究院成立钟表研究所等研究所发布会（2017 年 6 月 2 日）

故宫研究院学术成果交流（2016 年 5 月 5 日）

近年来，故宫博物院考古研究所先后与印度拉邦历史文化研究委员会、英国杜伦大学考古系，以及阿拉伯联合酋长国、乌兹别克斯坦开展出土中国文物研究和在印度、阿联酋拉斯海马、乌兹别克斯坦的合作考古发掘工作。经过几年来的努力，故宫博物院的考古研究基本上实现了海上丝绸之路和陆上丝绸之路的多方位研究，成为故宫博物院完善学科建设的主要工作之一，拓展了故宫博物院的学术研究范畴。

随着研究视野的延伸，故宫研究院的藏传佛教文物研究所先后在四川、甘肃、青海和西藏开展了持续的、有计划的文物调查，尤其是在四川西部和西藏地区。这项调查活动长达十年之久，取得了一系列的成果。自 2013 年开始，我们启动了藏传佛教文物保护数字化工作，完成了七座藏传佛教寺庙藏品、壁画的数字化工作，其中包括著名的西藏大昭寺的全部文物、壁画，还帮助大昭寺建立了数据库。这是西藏乃至全国最先进的数据库之一，使大昭寺的文物保护工作很快迈入了先进行列。我们的工作未来肯定会对藏传佛教的文物保护和研究产生积极的影响。

再如中医药文化研究所。故宫博物院收藏有医学文物 3000 多件，是故宫博物院藏品中重要而富有特色的门类，是清宫医事活动的实物遗存和文字记载，是宝贵的文化遗产，具有独到的价值。就学术研究而言，清宫医学文物是研究医学史，宫廷史乃至中西文化交流史的第一手资料，在这些领域的研究方面具有重要作用，在一定程度上甚至可以弥补文献、档案记载的不足。然而，清宫医学文物因其研究的复杂性和专业性，一些研究尚处于浅尝辄止的状态，有的领域甚至是未开垦的处女地。故宫研究院中医药文化研究所的成立，正是整合故宫研究院和社会各界的优势资源，共同致力于清宫医学文物的挖掘、整理和研究，使之服务于广大民众的疗疾保健，并进而向世界传播中医药文化，探索中医药文化创新，坚定文化自信。

与台北故宫博物院冯明珠院长在故宫研究院（2013 年 11 月 9 日）

大家一定还注意到了，在我们的众多研究所中，还有两个很特殊的，那就是“故宫文物南迁研究所”和“影视研究所”。2010 年 6 月，故宫博物院和台北故宫博物院共同组织了一场“重走文物南迁路”的考察活动。同年 10 月，“故宫文物南迁史料展”在神武门展厅举办，引起社会各界的广泛关注。这是我们延续恪尽职守的故宫精神、回顾同根同源的历史文化的一个重要方式。2017 年 3 月，我在全国政协十二届五次会议上递交《关于故宫文物南迁史迹保护的提案》，提议将“故宫文物南迁史迹”整体公布为全国重点文物保护单位。同年 6 月，故宫研究院同时设立故宫文物南迁研究所和影视研究所，希望两个研究所立足故宫博物院事业发展的需要，直面时代学术传媒发展的浪潮，让文物回归本位，让历史再现本源，让古老的故宫插上时尚的研究翅膀。2017 年 12 月，故宫研究院完成智慧树网络课程《走进故宫》的制作，介绍紫禁城建筑、故宫文物藏品，分享故宫文物南迁记忆，传递故宫文物保护理念及工匠精神。2017 年，677 所高校将此课程列入学分课程以供学生选修，获得学分课程的学生近 20 万，满意度达到 96.3%。2018 年 8 月，主题漫画《故宫回声》在腾讯动漫官方平台上线。漫画以故宫文物南迁为史实基础，针对游戏开发者和高等院校年轻群体而创作。这一平台人气已超 470 万人次，评分高达 9.5 分。

再比如，故宫研究院还设立了“文博法制研究所”。文博法制研究所的成立具有开创性意义，是国内第一家专门研究博物馆涉及的法律问题的研究机构。文博法制研究所始于民族优秀传统文化走出国门之时遭遇到的法律问题，尤其是为深入贯彻依法治国方略和关于全面推进依法治国的重要指示精神，进一步繁荣文博法治理论，特别是为故宫保护法律问题的研究而成立的。文博法制研究所将就有关文物博物馆行业的法律问题进行专项研究，为实现法治化提供智力支持。

还有故宫所独有的宫廷园艺研究所，其建立旨在挖掘和研究宫廷皇家园林历史、文化以及宫廷传统花卉植物的栽培历史、技艺，并通过研究提高故宫古树名木养护水平及科学保护方法，进而带动和指导全院的庭园管理工作。研究所的成立揭开了故宫宫廷园艺研究的新篇章，为故宫庭园养护提供了更有力的理论和技术保障，为明清宫廷史、建筑设计、考古等相关领域的交叉研究提供了更多的可能，为故宫庭园养护培养更多的人才，同时有利于丰富故宫研究院的研究内容，拓展故宫研究院的研究领域，加强多学科交叉领域研究力量，为研究者提供更为广阔、自由的研究平台。

在设立诸多研究所的同时，故宫研究院也建立了自己的博士后科研工作站。2013 年 8 月，故宫博物院博士后科研工作站申报成功。通常情况下，

故宫博物院博士后科研工作站（2016年6月25日）

新设博士后科研工作站需要3年后才能独立招聘，由于故宫博物院博士后工作成绩突出，管理有序，得到管理部门的高度认可，全国博士后管理委员会于2015年6月批复，同意故宫博物院提前一年半独立招聘博士后研究人员。故宫博物院博士后科研工作站的设立，一方面是故宫博物院人才培养和人才引进的平台，特别是短期引进高端学术人才，以解决故宫博物院短期人才的不足；另一方面也会促进故宫博物院业务人员深入到学科前沿进行创新性研究。目前，故宫博物院博士后科研工作站研究方向包括考古学、古建筑研究、明清档案及宫廷史研究、明清宫廷史、中国古代书画鉴藏史研究、新中国出土墓志整理、甲骨文整理、科技保护研究、古窑址调查与研究、明代宫廷工艺史、明代工艺美术史、宫廷戏曲研究、故宫博物院史、清宫古籍研究、中国书法研究等。

故宫研究院和下设的各个研究所是研究机构，是进行研究的场所和平台。那么研究所里当然还有一项不可或缺的元素，那就是人员。故宫博物院是学术研究机构，需要加大学术研究力度。全院目前共有400多名高级职称的研究人员，但是很多老年专家学者早已退休，或即将退休。这些专家学者是故宫博物院最宝贵的人才资源，他们一生的智慧都贡献给了故宫博物院，退休以后仍然眷恋着故宫博物院事业发展，希望继续从事研究工作。故宫研究院成立后，退休的专家人才由非建制的研究院来聘用，原来博物院主导聘人而遭遇的“编制”瓶颈获得突破，可以按照“科研项目制”模式，由故宫研究院根据各研究所项目的需要灵活聘任人员，多个研究所的负责人由退休业务院长或老专家、院外专家担任名誉职务，充分发挥退休专家和院外知名人士的学术影响力。这样，从70多岁直到90多岁的老专家学者们仍活跃在工作岗位上，在他们身边就会聚集一批年轻学者，言传身教，传授学术知识，培养研究素养，弘扬故宫精神，使年轻学者很快成长起来。例如聘请郑欣淼先生为研究院院长，朱诚如、李季、晋宏逵、陈丽华、王素先生分别为明清宫廷历史档案研究所、考古研究所、古建筑研究所、明清宫廷制作技艺研究所、古文献研究所的所长。故宫博物院院长负责故宫博物院与故宫研究院总协调，在政策保障、行政支持、资源调配等方面提供强有力的支撑，是故宫研究院的“总后勤”。

大家都知道，故宫有一大批专家。尤其是老一辈故宫专家，可谓崇文厚德、贡献巨大。例如著名古文字学家、青铜器专家和历史学家唐兰先生，在古文字研究上突破旧说，建构了汉字的“三书说”理论，提出古文字分四系，建立了西周铜器断代的理论与实践的系统工程等，给予学术界新启示、新贡献。杜迺松先生在《唐兰先生的学者风范》中说：“先生一直到去世前都在研究探索。无论是在家里，还是在宾馆或路途上……”

知名清史专家、档案专家、古建筑学家单士元先生，在中国档案学界是第一个提倡档案目录学的，在建筑史学界是第一个把古代建筑工艺技术研究纳入中国建筑史的研究范畴之内的，拓宽了古代建筑研究的领域。单士元先生在吴仲超院长的支持下成立了古建研究室、古建管理部，开办琉璃瓦厂，组成一支精干的古建筑修缮队伍，把自己多年在建筑理论及工艺技术等方面的研究成果应用到古建筑修缮、管理、保护之中，使我国古建筑的研究和实用技术水平大大提高。

著名文物专家和历史学者朱家溍先生在故宫博物院供职60年，是多方面的专家学者，是故宫博物院的通人。1992年国家文物局成立一个专家组，去各地博物馆和考古研究所鉴定确认全国各省市呈报的一级文物藏品。专家组里有专看陶瓷的专家、青铜的专家、玉器的专家，三类以外的文物藏品则主要由朱家溍先生负责鉴定。

集学者、艺术家于一身的故宫博物院古书画鉴定专家徐邦达先生，以书画本身鉴定书画，不因收藏者的德行、地位、关系而更改自己的鉴定意见，其鉴定意见的准确程度和权威性举世公认。徐邦达先生的丰富著作，对于从事研究和学习古书画鉴定的年轻一代来说,是最系统最全面最可信的教科书。

近年来，故宫博物院专家学者成绩斐然，斩获诸多奖项。如于坚、郑珉中、耿宝昌、徐邦达4位老专家获得“中国文物、博物馆事业杰出人物”荣誉称号。故宫博物院的这些专家学者，不仅一生勤奋治学、严谨治学，而且还诲人不倦，乐于奖掖后进，培养了一代又一代学人。他们共同体现了“故宫人”的特征，那就是热爱故宫，以故宫为荣，为故宫博物院的发展做无私的贡献，严谨认真，努力做好本职工作，面向社会，为大众服务。

说起目前故宫博物院返聘年纪最大的，那自然是年近百岁的陶瓷专家耿宝昌先生了。耿先生1922年生于北京，自小在北京敦华斋学徒。1956年来到故宫博物院，自此从未离开过故宫。60多年来，耿先生始终保持着对事业的热爱，也保持着对故宫的真情。虽已年过九十，但他仍在主持编写《中国陶瓷史》，在2015年故宫博物院90周年院庆的陶瓷展览中，他还积极主导《故宫博物院汝窑展》《越窑青瓷展》和《御窑遗址出土与成化瓷器对比展》，可以说，耿先生就是故宫众多大师的代表，是故宫压箱底的“宝贝”。

故宫博物院继承并弘扬公开、开放的好传统，注重研究成果的发布、传播、交流，并不断采取通俗的形式向社会公众介绍，通过出版刊物、书籍，召开学术研讨会、专题报告会等方式，使故宫研究成果不但在专业领域，而且在社会公众中产生积极的影响。《故宫博物院院刊》以其传统文化研究的特色在数千家期刊中被评为“中文期刊海外学术影响力前50名”。《故宫学刊》为故宫研究院的院刊，它以文章厚重见长，充分表达学人的学术求证，受到学界的赞誉。古建筑研究所合作整理出版的《北京中轴线古建筑实测图集》为北京中轴线研究提供支撑。书画研究所合作举办的《石渠宝笈》特展及学术研讨会引发社会关注。在资料信息部门的技术支持下，学者们对文物藏品新的研究成果也得以转化在APP中，显现在大众掌上。

学术开放是时代的趋势，如今面对社会公众陶冶情操的需求迅速增长，文化品位的追求迅速提高，故宫博物院在收藏保管、陈列展览、宣传教育、文化创意等各个领域均提出了新的目标：让收藏保管更有规范，告别“守摊看堆”；让陈列展览更有文化，远离“堆砌精品”；让宣传教育更有情怀，消除“说教填鸭”；让文化创意更有品位，杜绝“粗糙仿制”，都体现出“学术故宫”的发展理念，也要求故宫研究人员要上能钻得进象牙塔，下能接得到地气。

当然，故宫这座学术研究机构不仅注重研究成果所带来的学术影响，也注重将学术成果“反哺”于文化创意产品的研发。我们要求每一件文化创意产品都重视“无一物无来历”，其“来历”就是基于故宫博物院通过七年时间完成的文物藏品清理。例如故宫出版社出版的图书，无论是《故宫日历》《紫禁城100》等畅销型图书，还是“故宫博物院藏品大系”等图书工程，都是在文物藏品清理工作的基础上得以诞生，让故宫文化带着厚度、温度跃然纸上。前面提到的，针对少年儿童的APP“皇帝的一天”，其中包含的丰富知识，无一不是经过缜密考证和深入研究得以实现。这样的学术研究要求，保证了故宫文化创意所承载和传播文化的正确性和前瞻性，真正地体现出故宫文化，以及中国传统文化的醇厚韵味。

今天，故宫学术研究的领域逐渐扩大，形成重文献考据的研究特色，有分量的研究成果不断涌现，研究队伍不断扩大，出现了人才辈出的良好局面，一批经过长期培养与实际工作锻炼的年轻专业人才成长起来，不断取得令人瞩目的学术成就，持续产生具有社会影响的研究成果，梯次研究队伍结构也使故宫学术发展后继有人。故宫是个教育机构，同时也是个学术机构。这也就意味着，我们既要做好大众普及教育，也要做好学术研究，两手都要抓，两手都要硬。故宫是独一无二的，教育与学术并重的特点也是独一无二的。故宫博物院蕴含着中华5000年文明，承载着紫禁城600年历史，经过近百年的发展，正处在继往开来的关键时期。回顾过去，有曲折，更有启迪；展望未来，有困难，更充满信心和希望。在未来，我们仍然要把具有故宫特色的、普及教育与学术研究并重的体系格局延续下去，并不断提升与扩大故宫在这两方面的影响，向社会交出更为丰硕的答卷。

肆 工匠精神感动了年轻的一代人

《我在故宫修文物》这部片子不知道大家看过没有，影响很大，豆瓣的评分达到 9.4 分，甚至超过了《舌尖上的中国》。令我最感动的是点赞最多的居然是在校同学们。没有想到这种慢节奏的，但是充满着文化情怀的片子却真正打动了他们。何以证明呢？第二年报考故宫博物院来修文物的同学就有上万人。

我希望同学们报名前，要了解文物修复保护是一项充满奉献精神的职业，日常工作并不像影片里拍摄得那么轻松，一会儿摘水果，一会儿逗野猫，一会儿弹吉他，那些只是导演为表现文物修复师浪漫情怀的艺术处理。日常真实的工作状态则是默默无闻地坚守在岗位上，全神贯注于文物修复的过程，日复一日、年复一年，正所谓“择一业，终一生”，因此必须做好思想准备再考虑加入报名的行列。

故宫“考工记”

相信最近几年访问故宫博物院的观众一定都会发现，我们的一些古建筑蒙着一层厚厚的绿色围挡，外围搭建着密集的脚手架，建筑内外有许多戴着安全帽的工人正在辛勤忙碌着。有些人可能觉得很遗憾，因为这些古建筑无法对观众开放；还有些人可能觉得很好奇，因为能在故宫里目睹古建筑的修缮是件很幸运的事儿。在这里我想告诉大家的是，可以抱着一种“期待”的心情来面对我们的古建筑修缮，因为我们目前经历着的是近百年来最大规模的一次故宫古建筑维修保护，我们称为“百年大修”。

追溯历史，故宫的每一次的大修，都伴随着匠师技艺的传承。

故宫古建筑的第一次大修，最引人注目的便是西北角楼落架的大修。故宫的角楼是紫禁城的象征。你只要从那里经过，都会忍不住停下脚步来欣赏它。《清式营造则例》中将大木建筑分成庑殿、硬山、悬山和歇山四种样式，角楼是不同于任何一个门类的杂式。一般人形容角楼是 9 梁 18 柱 72 条脊，其实它远比这要繁复。三层屋檐共计有 28 个翼角、16 个窝角、28 个窝角沟、10 面山花，72 条脊之外还有背后掩蔽的 10 条脊。屋顶上的吻兽共有 230 只，比太和殿的吻兽多出一倍以上。

1949 年中华人民共和国成立后，针对紫禁城存在的问题，提出了故宫古建筑修缮史上的第一个五年治理与抢险规划，完成了清运多年积存的大量垃圾废料，疏浚故宫河道，修缮内金水河两岸的河墙，治理紫禁城范围内的地下水道，抢修大量年久失修的古建筑，以及重新油饰三大殿的外檐彩画等。1956 年，启动了西北角楼落架大修。

故宫博物院考虑到角楼复杂的结构，力邀有“哲匠世家”之誉的原兴隆木厂的大木匠马进考、杜伯堂等为木结构施工指导，保证角楼原样顺利恢复。彩画则邀请了何文奎，张连卿等京城名匠，还有其他工种的匠师。这些匠师都身怀绝技，人称故宫“十老”。正是以这十位为代表的匠师们成就了故宫博物院的第一代工匠，同时第二代匠师，也得以在这次大修中孕育并崭露头角。当年的戴季秋、赵崇茂、翁克良在跟随马进考、杜伯堂等师傅维修西北角楼的工程结束后，继续学习制作模型，一做就是十年。至今故宫博物院古建部仍保留着西北角楼一角的四分之一模型和御花园四柱八角盝顶井亭模型。朴学林、邓九安、王友兰跟随周凤山、张国安师傅苫背、瓦瓦；张德恒、张德才、王仲杰则跟随张连卿、何文奎师傅重做了三大殿彩画，并按比例将故宫大部分彩画进行描摹，如乾隆花园、三大殿、东西六宫彩画样式等，共计三百幅，后制成《故宫建筑彩画图录》。

故宫的第二次大修从 1973 年开始。为完成这次大修，故宫工程队（修缮技艺部的前身）对外招聘了 300 名青年。他们跟着赵崇茂、戴季秋师傅，相继参加了午门正楼、东西雁翅楼、太和门东西朝房、钟粹宫、景仁宫、养心殿、慈宁宫花园、东南角楼等施工工程。瓦工学徒跟随师傅去故宫小石桥

王仲杰先生谈御花园环境保护（2013 年 1 月 30 日）

宿舍工地参加新楼建设的施工，油画工学徒跟随师傅在神武门等处油饰彩画工地练习实际操作，木工学徒则由师傅定尺寸掌线，教练操作方法，进行一般性的大木制作安装。到了冬季来临不适合室外作业的时刻，第二代工匠会为新来的年轻人讲授业务。以木作的李永革、黄有芳、翁国强，瓦作的吴生茂、李增林、白福春，油饰的刘增玉、张世荣，彩画的张志全等为代表的第三代工匠脱颖而出。

2005 年 12 月，中断近半个世纪的传统拜师在故宫博物院再次兴起。瓦作的白福春拜故宫古建筑专家朴学林先生为师，木作的黄有芳和焦宝健拜故

古建修缮中心拜师会（2013 年 2 月 4 日）

宫古建筑专家翁克良先生为师，彩画的张志全拜故宫古建筑专家王仲杰先生为师。这些徒弟在技艺方面已是故宫第三代工匠中的佼佼者，通过拜师，有了向大师学习更多更精技艺的机会，得以更好地延续和传承故宫古建筑营造技艺，从而顺利地展开对太和殿以及其他建筑的大修工作。

第三次大修，也就是此次的“百年大修”。从 2002 年开始，故宫博物院启动了“故宫古建筑整体维修保护工程”，这是自 1911 年以来的百余年间，规模最大、范围最广、时间最长的一次故宫古建筑维修保护，是对历经几百年风雨的故宫古建筑群进行的前所未有的大规模保护行动，因此也被称为“世

故宫官式古建筑营造技艺传承人考评（2014 年 6 月 25 日）

考察故宫博物院北院区宫廷园艺研究中心（2014 年 4 月 4 日）

纪大修”。紫禁城是明代永乐皇帝在1420年建成的，到2020年刚好600岁。我们希望经过18年的努力，使故宫古建筑群整体保持健康稳定的状况，把一个壮美的紫禁城完整地交给下一个600年。此次整体维修工程遵循“先地下，后地上，先室外，后室内”的原则，对基础设施、室外环境、古建筑单体和室内装修进行保护修缮，并陆续开放一些修缮后的区域。还记得大修工程刚刚开工时，当时我作为国家文物局局长，为了保证正在实施的故宫、天坛、颐和园、十三陵等一系列世界文化遗产地古建筑的维修保护工程质量，走访了住房和城乡建设部，述说了古建筑维修保护工程与其他类型的土建工程的不同之处，特别是在保护传承方面的历史责任，因此应该建立特殊的行业管理机制。这一建议得到了住房和城乡建设部的理解和支持。于是，文化部和国家文物局制定了相关规章制度，建立起古建筑维修保护行业的勘察、设计、施工、监理等方面的资质系统，一直保持至今。

2012年，为了培养故宫博物院自己的官式古建筑营造技艺的传承人，故宫博物院面向社会招收了14名传承人。经过一年的学习后，这14名传承人于2013年进行了集体拜师。张世荣、丁永利、吴生茂、白福春、白强、翁国强、黄有芳、张吉年、刘增玉、张志全等10位古建筑修缮专业的老师傅，接受了张奉兵、梁利军、薛永东等年轻学员的拜师礼，我们终于看到了古建筑修缮事业的未来，也期待着“工匠精神”的世代传承。

去过故宫古建筑修缮现场的人，就会发现这里和外面工地的劳作景象有个明显的区别：这里没有起重机，建筑材料都是用手推车送往工地，遇到人力无法运送的木料时，工人们会使用百年不变的工具——滑轮组。故宫古建筑修缮尊重“四原”原则，即原材料、原工艺、原结构、原形制。在不影响体现传统工艺技术手法特点之处，工匠可以用电动工具，比如开荒料、截头，但在大多数时候都用传统工具：木匠画线用的是墨斗、画签、毛笔、方尺、杖竿、五尺，加工制作木构件使用的工具有锛、凿、斧、锯、刨等。

最能体现故宫古建筑修缮难度的便是瓦作中“苫背”的环节。“苫背”是指在房顶做灰背的过程，相当于为木结构建筑添上防水层。有句口诀是“三浆三压”，也就是上三遍石灰浆，然后再压上三遍。但这是个虚数。今天是晴天，干得快，三浆三压硬度就能符合要求，要是赶上阴天，说不定就要六浆六压。任何一个环节的疏漏都可能导致漏雨，而这对古建筑的损坏是致命的。

故宫的老前辈单士元先生曾经强调，在维修保养过程中必须严格保持古建筑的原来形式及各种实用而又艺术的构件。他指出：“损坏严重必须大修缮者则予以修复，在保养和修缮中都是把这些建筑物作为文物看待，所以严格地保持它原来形式及各种实用而又艺术的构件。由于故宫是我国现存的最完整的古代宫殿建筑群，建筑结构，工程做法都是值得后世建筑家们研究的实物。现在对它们进行保养修缮工作，除去在形式上不变更原来形状外，有些重点的建筑物，在建筑材料上也尽量使用原来材料。”

在主持1959年国庆午门到神武门中轴线上各重要宫殿的油饰工程期间，单老不断组织查阅文献资料，向经验丰富的工匠技师请教。在太和殿、太和门除去了袁世凯称帝时残存的粗糙无章的外檐彩画，考证文献后重新恢复了康熙三十六年原有的和玺彩画。在太和殿外檐彩画重绘的艰苦工作中，他多次攀上高高的脚手架，亲自指点每道工序的要点。在他的领导下，这项故宫古建筑维修保护工程如期竣工，赢得了人们的称赞和尊敬。

在维修保护的过程中，专业修缮队逐渐形成了一整套具有严格形制的宫殿建筑施工技艺，不仅有助于保持故宫古建筑的原貌，而且直接推进了中国古建筑营造技术的发展。传统上，官式古建筑营造技艺包括瓦、木、

官式古建筑营造技艺培训班开班仪式（2013 年 11 月 9 日）

土、石、搭材、油漆、彩画、裱糊八大作，其下还细分有上百项传统工艺。在森严的封建等级制度之下的古建筑，从材料到做法都要严格遵循营造则例。代表官式古建筑最高等级的紫禁城古建筑，无疑是这一整套营造技艺的登峰造极之作。

“工匠”的“工”字早在殷墟甲骨卜辞中就已经出现过。《周礼》（又称《周官》）、《左传》记载了周王朝与各诸侯国都设有掌管营造的机构。无数的名工巧匠为后人留下了那么多宏伟的建筑，但是却很少被列入史籍，

故宫大修

扬名于后世。匠人之所以称之为“匠”，其实不仅仅是因为他们拥有了某种娴熟的技能，毕竟技能还可以通过时间的累积“熟能生巧”，但是蕴藏在“手艺”之上的那种对古建筑本身的敬畏和热爱，却需要从历史的长河中去寻觅。

将壮美的紫禁城完整地交给未来，最需仰仗的便是这些无名的匠人。故宫古建筑的维修保护是一项没有终点的接力，而他们就是最好的接力者。

“特事特办”的“百年大修”

紫禁城作为中国明清两朝皇家的宫殿建筑群，代表了中国传统官式古建筑的最高成就，也是中国古代官式建筑最后阶段的典范。今天故宫内保存的明清官式古建筑的各种类型，百科全书式地反映了明清时代的宫廷面貌。可以说，故宫的每一座古建筑都堪称独一无二，对于它们的每一次修缮，都应该是研究性保护项目，都要承担不可回避的历史责任，应该努力成为古建筑维修保护的典范，而不应该作为一般的土木工程和一般的建筑工程对待。

故宫这次“百年大修”可以说是举世瞩目，我们“故宫人”对此慎之又慎。从某种意义上来说，当前故宫古建筑保护和传承所遇到的问题，不仅仅是工艺与技术，而是认识和态度的问题，就是应该以什么样的理念对待中华传统文化和人类文化遗产的问题。因此，我们在修缮的同时，也在不断思考与尝试，甚至引起保护理念的深化和改变。

2010年以后，由于体制机制的调整，“故宫古建筑维修保护”工程遇到专业队伍、材料供应、施工周期、技术传承等诸多新的问题，不得已暂缓实施。一是专业队伍问题，故宫古建筑维修保护工程专业性强，一般企业很难保证修缮工程质量。故宫博物院原有的古建筑维修保护队伍十分专业，在业界引以为傲。但按照现行政策，不能参加自己单位的招投标，于2010年被迫解散。二是材料供应问题，过去故宫古建筑所使用材料往往由手工制造，经过一道道不可缺少的复杂加工工序保障品质，造价较贵。现在规定古建筑保护维修所用材料需要以政府采购的方式获得，“货比三家”所得材料有明显的价格优势，却难以保障古建筑维修保护质量。三是周期与经费问题，每年古建筑维修保护经费往往在 11 月方能拨付到位，但是第二年的 8 月底、10 月底就检查经费使用的“执行率”。如果没有把钱花出去，不但经费被收回，而且会影响下一年的经费申请。为此需要不断催促工期，加快实施进度。由于难以保障维修保护的合理周期，一些需要详细斟酌、需要审慎决策的问题也往往被迫搁置，甚至造成永久的遗憾。四是技术传承问题，故宫博物院现有的古建筑修缮专家年龄结构老化，绝大多数已经接近或达到退休年龄，且受人事制度限制，不能返聘。“师承制”方式培养的人才，受户籍制度等政策限制，难以获得事业单位编制，因此面临人才流失的状况。如此下去，故宫官式古建筑营造技艺将面临人去艺亡的严峻局面。

很幸运的是，在这种困难的情况下，我们还是迎来了改变的机遇。2015 年 11 月，全国政协召开“非物质文化遗产传承与保护”双周协商座谈，我获得了 8 分钟的发言机会，汇报了故宫古建筑维修保护中存在的困难和问题，受到时任全国政协主席俞正声同志的高度重视。我汇报时，俞正声主席不断询问：难道故宫博物院的施工队伍也解散了吗？难道古建筑修缮也要招投标吗？难道掌握传统技能的老工匠也不能返聘吗？问了很多问题之后，他指示我，给国务院写个专题报告，反映故宫古建筑保护传承中存在的问题。我说您是常委，我给您写报告行吗？他说可以。随后故宫博物院的报告批转给了国务院，国务院领导高度重视，由文化部、财政部、人力资源和社会保障部等部门本着“特事特办”的原则进行研究，提出了解决的办法。

“特事特办”成为故宫博物院完善古建筑维修保护机制的重要机遇。我认为不仅故宫古建筑保护维修应该“特事特办”，全国的古建筑维修保护都应该“特事特办”，尊重中国古建筑的文化特色，尊重中国古建筑的修缮规律，保障中国古建筑维修保护应有的技术含量。

2015 年，在对过往古建筑维修保护经验总结的基础上，故宫博物院选择了养心殿、乾隆花园、大高玄殿、紫禁城城墙 4 项亟待维修保护的古建筑群，作为“研究性保护项目”的试点，探索古建筑维修保护新的实施机制和传承方式。

我们对养心殿的重视程度非同寻常。养心殿始建于明嘉靖十六年（1537 年），是营建资料保留最完整的皇家宫殿建筑之一，是世界记忆遗产清代样式雷建筑图档的实物见证。养心殿得名于《孟子·尽心下》“养心莫善于寡欲”，主体建筑是明代官式建筑的遗存，原是皇帝正寝宫殿一侧的便殿。自雍正皇帝起将其作为寝宫和日常理政的中心，清代中期以后的历代皇帝都将其作为实际上的正寝宫殿，几乎见证了清代雍正朝以后历次重大历史事件的发生，是清代皇帝高度集权的政治体制下的中心场所。

养心殿区域位于养心门内，乾清宫西侧，西六宫南面，为一组红墙围护的独立院落。南北长约 94.8 米，东西宽约 81.3 米，占地约 7707 平方米。包括养心殿、工字廊、后殿、梅坞等 18 座建筑，总建筑面积约 3887 平方米。养心殿是清朝盛期理政空间的典范，是乾隆皇帝“内圣外王”人生追求在紫禁城内最具代表性的艺术表达，集中体现了乾隆皇帝的治世理想与人文修养，也是中国古代多元文化和谐共生以及中西文化交流的艺术结晶。养心殿为“工”形，前后殿间以穿廊相连，形成前朝后寝的格局，殿内布局丰富，功能集中，厅堂、书房、寝室以及分别用来批阅奏折、密谈、休憩、礼佛的小室一应俱全。前殿东西两侧有配殿，后殿两侧有耳房，名为体顺堂和燕喜堂。

养心殿的格局和陈设虽然根据不同时期有所变化，但是仍然保留着清代雍正皇帝以后各个不同时期的原状陈列，是研究清代工艺美术发展及清代帝后理政和寝居空间的珍贵史料。养心殿内现存各类室内外陈设 1890 件，涉及铜器、玉器、瓷器、木器、书画、古籍等，均具有极高的文物价值。

2015 年年底，“养心殿研究性保护项目”正式启动。此次维修保护作为科研工作、文化工程来对待，当作整体项目来运作，希望能够率先实现以“研究性、预防性”为主的科学修复，为国内文物建筑保护做出表率。在开始维修保护前，我们动员各相关部门专业人员，先行开展学术研究，从养心殿的历史沿革到文化事件，从文物建筑到文物藏品，从室外景观到室内环境……专家学者上报了 36 个相关科研课题，经过学术委员会审查通过了其中的 33 项，共有上百名研究人员投入养心殿维修保护前期研究工作。同时，开展更为详细的勘察、测绘，使项目建立在充分的科学研究的基础之上，努力成为古建筑维修保护的典范。

2016 年 4 月，这 33 项“养心殿研究性保护项目专项课题”获得立项，为项目提供具有支撑作用的学术成果和人才力量。故宫博物院希望就此开辟文化遗产保护的新途径，建立工匠招募、考核与培训机制，建立官式古建筑修复材料供应基地，制定材料性能标准，为挽救濒临消亡的古建筑营造工艺、装修工艺，以及文物修复工艺做出贡献。

在修缮工作开始之前，我们首先对养心殿进行“撤陈”。2016 年 5 月 30 日，养心殿可移动文物的撤陈工作正式启动。我们制定了详细的工作时间安排表，以及相关制度和措施。撤陈工作以殿座为单位，按照文物类别，由原状陈列负责部门分别点交给各个相关业务部门，然后由各业务部门中的专业科组负责相应文物的撤陈入库工作。具体撤陈程序是：第一步，平面陈设如玉器、漆器、珐琅、玻璃、盆景、钟表等（器物部、宫廷部、图书馆负责接收）；第二步，家具陈设和帷幔、坐垫等（宫廷部负责接收）；第三步，宫灯（宫廷部、器物部负责接收）；第四步，超大型家具（宫廷部负责接收）；第五步，书画、帖落、隔扇芯（书画部负责接收），依次进行。对于文物的包装

考察乾隆花园三友轩（2013 年 3 月 14 日）

采用了公开招标形式，由境内具有文物包装运输资质和丰富文物包装经验的专业公司承担。在撤陈工作现场同时开展文物除尘和基础影像采集工作。

2018 年 9 月 3 日，养心殿研究性保护项目正式开工。这是我国首个可移动文物与不可移动文物的综合研究性修复项目，因此其重要性不言而喻。我们在对养心殿进行修缮的同时，也专门拍摄了纪录片《故宫新事》，现在已经出到了第四集。观众朋友们可以通过纪录片，来全程了解养心殿大修的全过程。除此之外，还想告诉大家，大修之前养心殿只开放了 17%，大修之后超过 80% 的区域都会开放，并且与现在的“隔窗欣赏”不同，届时观众

故宫大高玄殿修缮工程现场（2016年11月8日）

可以进入室内参观。

乾隆花园又称宁寿宫花园，是故宫四大花园（御花园、建福宫花园、慈宁宫花园和宁寿宫花园）之一，是乾隆皇帝为自己退位后修建的颐养之所。乾隆花园位于故宫宁寿宫区的西北角，建于乾隆三十六年到四十一年，历时六年修建而成。乾隆晚年降旨不许对宁寿宫进行改建，这是乾隆花园得以完整保存至今的重要原因。乾隆花园南北长160米，东西宽37米，占地面积5920平方米。花园分为四进院落，共有建筑20余座。主要建筑物有古华轩，遂初堂、萃赏楼、延趣楼、三友轩、符望阁、玉粹轩、倦勤斋等。

乾隆花园的修缮项目计划在2020年完成。修缮过程中，每一道工序都要进行详细的记录，都要公开出版修缮报告，每一项传统工艺都要用原材料、原技术进行修复，从墙上摘下的牌匾、楹联、贴落等都要准确定位，修缮之后一丝不差地回归原处。

以倦勤斋为例。早在2003年3月，故宫博物院就开始与美国世界文物建筑基金会合作进行倦勤斋室内装饰装修保护与修缮工程。在双方的共同努力下，2008年11月，倦勤斋保护与修缮工程顺利竣工。但其修缮过程极具挑战。

倦勤斋由乾隆皇帝亲自设计，地面是苏州产的金砖，绣品是苏州产的夹丝双面绣，176扇窗户上和梁架上镶嵌着2640块和田玉。此外，倦勤斋内部装饰大量使用竹制品。其中，东五间仙楼上下的槛墙部分都采用了贴雕竹黄工艺，且目前皇宫建筑内装修使用竹黄仅见此一处，极为宝贵。中国竹工艺大师何福礼为了钻研这项失传工艺费尽心思。竹黄要软化至纸片一样薄，并能像布一样在凹凸不平的木雕图案上进行镶贴。竹子太老或太嫩都不行，另外越软化竹子的纤维就越少，可太脆了也不行……我们由此可以了解到老祖宗的工艺有多么了不起。

屋内还有一幅通景画，画着开满花的紫藤架。在对它进行修复的时候发现，这幅通景画所用的背纸是用桑树皮制作的一种手工桑皮纸，为了找到相同工艺水平的纸，专家多次到各地寻访，最后在安徽找到制作手工桑皮纸的技艺传承人，经过上百次的试验才研发成功，然后用于这幅通景画的修复中。

倦勤斋通景画的修复推动了桑皮纸制作技艺的复原，并于2008年被列入国家级非遗名录。虽然今天人们看不到通景画背面的工作成果，但是其修复技术、工艺很好地保留了下来，可以让后人了解和传承，这就是今天修缮工作秉持的原则，即“为未来而保护今天”。

大高玄殿坐落于神武门外，毗邻紫禁城西北角，始建于明嘉靖二十一年

故宫大高玄殿修缮工程开工仪式（2015 年 4 月 2 日）

（1542 年），是明、清两代皇家御用的道教宫观。历史上，大高玄殿数次遭受磨难，破坏严重，后于 2014 年正式回交故宫博物院，并开始全面地勘察调研和修缮保护工作。我们首先拆除了 6000 平方米的违章建筑和临时建筑，同时作为“研究性保护项目”，采取多学科融合的维修保护方法，让更多的学术机构、研究单位参与进来。特别值得一提的是引入了考古研究，不但开展院落地面的考古，而且进行古建筑屋顶、梁架的考古。借鉴考古学中地层学、类型学理念，相关人员详细记录和认真研究大高玄殿从明代到当代的整个生命历程，不放过每一道文化痕迹、每一条历史线索，包括每一块瓦当上的铭文、每一段木构上的题记。他们研究历史上工匠的信息、材料的

南大库维修保护工程（2016 年 4 月 16 日）

产地，采用现代技术进行科学记录，然后确定修缮时需要保留的信息，需要采取的措施。第一期文物建筑本体维修保护工程，于 2015 年 4 月 2 日正式开工，至 2016 年年底竣工。大高玄殿建筑群中大多数殿座仍然保留有明代始建时期的木构与形制，这具有重要的历史、艺术、社会价值，是紫禁城内明代官式建筑的又一重要范例。此次修缮工作承担着给故宫博物院研究性修缮保护工程投石问路、积累经验的重要任务。

2016 年开始，我们还将故宫城墙列入“研究性保护项目”。故宫城墙总长度 3437.6 米，不含城台的总长度 2914.3 米，城墙顶宽 6.63 米，底宽 8.55 米，高 9.3 米。主体结构为内以夯土为核心，外包砖砌体形式，四个方向开有四座城门，城门上建有城台和城楼。城墙存在的安全隐患主要有面层砖的酥碱、风化、离鼓，且离鼓区域存在相对鼓胀情况，最大鼓胀量可达20厘米；侧墙上存在多条垂直裂缝，侧墙上部多处砌体因灰浆流失而松散、缺失；城墙地面沿中线有贯穿裂缝；城墙地面塌陷、夯土流失，城墙地面和侧面有草木或藤本植物。这些都严重影响着城墙的安全，如遇暴雨将有局部坍塌的可能，修缮工作刻不容缓。我们委托勘察单位对故宫城墙整体进行了详细的勘察并做出病害分析，针对险情最为严重部分制定了科学的修缮方案，从而启动了城墙第一期修缮工程。

这当中，还有一段城墙“病情”最严重。它位于西华门北侧第一历史档案馆以北，共计233米。据现有资料记载，该段城墙在20世纪50年代至70年代有两次局部修补记录，在90年代进行的维修均以城墙外侧修缮为主。2013年我们发现了这段城墙的严重险情后，于2014年对面层砖严重断裂、空鼓部分采取了临时的支顶加固措施。这一次大修将主要以城墙内侧修缮为主，对城墙地面、城墙内侧墙面、宇墙及堞墙内侧墙面进行整体修缮。

此外，在修缮中我们将针对传统工艺、传统材料进行科学记录、实验，通过对传统工艺以及传统材料的探究，对工匠的访问以及实验等途径找到适合本次修缮的材料以及工艺方法，为后续的城墙修缮工作提供切实可行的依据和方法。与城墙修缮同步进行的基础设施维修改造一期（试点）工程，旨在解决故宫博物院排水、供电、供暖系统等存在的配套设备老化、供应能力不足等安全隐患，消除对文物建筑安全造成的威胁。这一部分工程涉及改造区域总占地面积约169 485平方米。

2002年故宫古建筑整体维修保护工程伊始，故宫的开放面积仅有30%；至2015年已经达到65%；2018年9月故宫南大库家具馆的开放，更使开放面积达到80%；我们力争到2025年开放面积达到85%。对于观

午门雁翅楼保护修缮（2015 年 6 月 12 日）

众而言，这样的开放确是一个值得庆祝和欣慰的消息。我们期待更多、更全面展示故宫古建筑群的完整面貌和多样性，为故宫博物院的丰富藏品提供更多的有效展示空间，并通过扩大容纳参观者的区域来缓解参观高峰时期的拥堵问题。不管是从最大限度地保障观众参观需求的角度，还是从展示历史文化遗产魅力、提升观众服务水平的角度，故宫博物院逐步扩大故宫开放区域的做法都是值得肯定的。这也是对公众参观期望指数不断增高的一个理性回应。

故宫古建筑整体维修保护工程可以让参观者看到一个更加真实的故宫，同时也可将众多失传的传统文化技艺找回并留存下来。故宫历史上的三次大修分别成就了三代工匠，也造就了故宫的大匠精神，蕴藏在“手艺”之上的对古建筑本身的敬畏和热爱，应当被铭记。

我在故宫修文物

清晨，清脆悦耳的鸟鸣中，故宫博物院的朱红大门缓缓开启，文保科技部的闵俊嵘老师又开始了康熙朝皇家屏风的修复工作。仿佛魔术师一般，这些原本蒙尘、破损的历史珍存，在他日复一日的细致擦拭、精心修复中，刮垢磨光、重焕光彩……

2016年播出的一部纪录片使得故宫文物修复走入大众视野，那就是《我在故宫修文物》。这是该片同名纪录电影当中的一个普通镜头，也是故宫文物工作者经年累月用匠心呵护文物的缩影。

原本不为人所知的故宫文物修复，通过这部纪录片变得炙手可热，算是近年来博物馆第一次大规模“吸粉”。如果给故宫的关键词做一个热搜榜的话，那么文物修复师所在的“故宫文物医院”，绝对在这两年高居榜首。

2016年，故宫博物院同中央电视台合作推出了大型文物修复纪录片《我在故宫修文物》。拍摄的缘起，就是中央电视台对故宫文物修复不断有新成果呈现感到欣喜，认为应该把这种科学的态度特别是工匠精神在社会上呈现出来。《我在故宫修文物》记录了故宫书画、青铜、钟表、木器、陶瓷、漆器等领域稀世珍宝的修复过程，集中展示了故宫殿堂级的“文物医生”以及让旧物重光的神奇“文物复活术”。这部片子播出后，很快就凭借其深刻的思想内涵、鲜明的艺术风格、精湛的工艺技术、高雅的文化品位、赢得了公众口碑。

尽管纪录片只有 3 集，却迅速火爆网络，在视频网站上爆红，点击量超过百万，并引来全国众多媒体持续的宣传报道。豆瓣评分 9.4，70% 的人给了 5 星好评，超过当时同为爆款纪录片的《舌尖上的中国》和热播电视连续剧《琅琊榜》，成为年度最具影响力的纪录片。在 B 站，《我在故宫修文物》获得了极高的人气，点击量近 200 万，收获 6 万多条弹幕。网友用弹幕表达看片感受，如“三集不够看，要看第四集”“简直是故宫博物院的招聘广告，我要投简历”，等等。毫无疑问，文物保护这个领域正受到前所未有的关注。

更为重要的是，给这部纪录片点赞的人有 70% 是 18 ～ 22 岁的年轻人，这令我很感动。我们原来的设想就是通过纪录片展开科普，告诉大家故宫文物修复的技术、我们的态度和做法，可能中年人、老年人会比较喜欢。没想到现在年轻人更认可“择一业，终一生”的精神，这给我们很大的鼓舞。原来我们以为学生们喜欢蹦蹦跳跳、打打闹闹、拥拥抱抱的那些片子，没有想到静静地日复一日、年复一年修文物这样的片子感动了他们。在这里，我得给同学们道声歉。

《我在故宫修文物》在社会上，特别是在青年学子中产生广泛影响。2017 年，有 1.5 万人报名故宫博物院，其中不少报名者希望从事文物修复工作，可惜故宫博物院一年只能招收 20 名相关人才。从此之后，年轻人热爱文化的情景在故宫博物院里司空见惯。例如赵孟頫特展期间，我走进展厅后

纪录电影《我在故宫修文物》新闻发布会（2016 年 11 月 8 日）

发现，70% 以上都是年轻人，再一问，很多年轻人有的来了 3 次，甚至有的来了 6 次。他们对书画作品这么喜欢，过去我也没有想到。我们应该以更多他们喜欢的作品，包括影视作品，来融入他们的生活。

《我在故宫修文物》深刻揭示了博物馆文物藏品保护修复这一被称为博物馆“背后的故事”的工作，也将锲而不舍、默默无闻、一丝不苟、精益求精，坚守在保护修复文物岗位的专家群体呈现在广大观众和社会公众面前。比如片中提到了一位儒雅的修表老师——王津，也成了家喻户晓的“明星”。不少年轻人也称他为“男神”。其实王津老师也确实很神奇，这些 18 世纪的西洋钟表，经过他的细心修复，表针还可以走得准，那水得流淌，小鸟得叫唤，小人得出来，到点儿还得打钟，背景还有音乐，几套机芯需要联动起来，真是不容易。更神奇的是，某天我在食堂遇到他，他说准备去趟美国，我问你干什么去呀？他说去领奖，他获得了休斯敦国际电影节的“杰出贡献白金奖”。我问你演什么了？他说我什么都没演呀！就是每天正常地工作，被拍摄了下来，就获得了大奖。不仅王津老师，《我在故宫修文物》这部片子的热播，使故宫博物院的所有文物修复专家学者们的工作价值、工作态度、工作技艺得以呈现，例如古书画装裱修复专家单嘉玖教授、青铜器修复保护非物质文化遗产传承人王有亮先生，以及瓷器修复、木器修复、漆器修复、乐器修复、镶嵌修复、挂屏修复，还有象牙、螺钿、缂丝、唐卡、织绣修复的老师们，他们的工作都在社会上得到了广泛认可。

纪录片播出之后，我们也在想：如何应对社会公众对于文物保护前所未有的热情关注？如何在文物保护修复过程中最大限度地保留历史信息？如何使现代科学技术与传统修复技艺在文物保护修复过程中有机结合？如何在公众关注的目光中普及文物保护修复的正确理念和科学知识？如何使社会公众对于文物保护的知情权、参与权、监督权和受益权得到保障？如何使世代传承的“工匠精神”得到坚守并在社会生活中得以弘扬？换句话说，“故宫文物医生”有了，并且已经让大家知晓了，那么我们的“故宫文物医院”得迅速跟上！

事实上，每一件静静地被陈放在文物库房、陈列于文物展厅的文物藏品和展品，都拥有各自的生命历程。在它们的本体上积淀有大量珍贵的历史信息，也阅历过一些鲜为人知的历史事件。因此，需要在文物保护修复过程中更多地保留这些历史信息，深入揭示这些历史事件。要实现这一目标，文物修复不能仅仅是部门的、行业的、专业的工作，而应该是跨部门、跨行业、跨专业的综合性工作；文物修复不应是一个封闭的领域，而应是多学科融合

文物藏品保护修复（2014年8月13日）

的开放系统。

以往，世界各地的医学都是传统医学，医生凭借自己的经验为病人治病。直到19世纪中叶，科学家将实验室里的科学仪器引进到医学领域，由此奠定了现代医学的基础。建立“故宫文物医院”的倡导者、“故宫文物医院”院长宋纪蓉博士认为：“如果说传统的文物修复技艺是‘中医’，现代的科学技术则是‘西医’，要建立拥有现代科学理念的文物修复医院，必须中西医结合，标本兼治。”而“得天独厚的传统文物修复技艺，加上现代的科学技术，使故宫博物院有能力构建一所有现代科学理念的文物修复‘全科医院’。”

现在如果一个人患病到医院治疗，医生不会直接给病人开药或开刀，而是首先需要挂号，取出以前的病历，使医生由此了解病人既往的病史；随后

文物藏品保护修复（2014 年 8 月 13 日）

是一系列必不可少的身体状况检查，包括测量体温、血压、心跳、再根据病情或进行验尿、验血，或通过听诊器、心电图、X 射线、B 超、CT 机、核磁共振等设备的应用，进行更详细的检查，以便精准地知道其病因所在，科学地确定治疗方案；之后，才可以进行治疗，对症下药，做到药到病除，恢复健康。在治疗的过程中，医生还要不断观察病人的情况，采取相应的治疗措施，取得预期的疗效。所有这些过程均进行详细记录，待病人康复以后，此次治疗的全部过程并入病历档案，以备今后查阅。

文物同样具有生命历程。对于一件文物藏品来说，在开展修复工作之前，进行详细的病情诊断也应成为不可或缺的内容。例如一件青铜器进入“文物医院”，首先应对其生命历程进行梳理，包括产生年代、出土地点以及制造工艺特点等；其次对其进行全面的检测分析，包括成分及不同时代在其本体上的信息叠加；再次对其健康状况进行评估，对其病害进行详细的研究，厘清其病害机理及产生原因；最后在全面详细检测的基础上，进行深入研究和准确判断，通过专家会诊，制定科学的修复方案，根据修复保护方案有序开展修复工作。同时在修复过程中，详细记录每一个修复步骤及细节，例如采取了何种技术、何种材料、何种工艺对文物本体进行干预，并及时留存图像资料。待修复工作完成后，应及时编写文物修复报告，并对社会公开。这份“病历”即修复档案将一直伴随着这件文物的生命历程，有助于帮助未来专家了解文物的“病史”，再现当年修复保护的全过程。例如经过全色的部位、霉菌处理的部位、修补的部位等均可以清晰回顾，为未来世代文物的保护修复提供借鉴。

实际上，故宫博物院所拥有的众多类别文物修复保护技艺，均经历过世代传承。例如古书画的装裱修复距今已有1700多年历史。唐宋时期，宫廷装裱已形成十分严格的样式。明清时期，又形成了以京城为中心的“京裱”和以苏州为中心的“苏裱”，而宫廷的造办处则集两大门派的优点为一体，形成独具特色的装裱修复技艺。再如，早在春秋时期，青铜器铸造已达鼎盛，青铜器的修复与复制技艺随之产生。明清时期，青铜器修复领域出现不同派别，故宫博物院的青铜器修复技艺则源自“京派”的“古铜张派”。如今，古字画的装裱修复技艺、青铜器的修复技艺等，已先后被列入国家级非物质文化遗产。

20世纪50年代，故宫博物院组建了文物修复工厂。80年代，文物修复工厂扩建为文保科技部，成为专门从事文物保护、修复和研究的部门。以往，文物进入文保科技部修复，只附带修复单，记载文物号、伤况、文物名称、送修人、需要修复部位等几项简单的信息。近年来，故宫博物院文保科技部开始建立起详细的文物修复档案。任何进入文保科技部修复保护的文物，首先需要对其状况进行详细记录。文物修复前、修复中和修复后的情况，通过拍摄高清晰对比图录入档案。今天，累积研究数据应成为文物修复保护非常重要的环节。

同时，在文物修复保护过程中应更多采用现代科学技术进行分析检测。例如，书画类文物在修复过程中，需要利用现代仪器检测分析，对于残破，缺失、褶皱、断裂、霉变、污染、变色、空鼓、粘连等不同病况，确定适宜的治疗方案。再如织绣类文物在修复过程中，也需要借助现代仪器，将肉眼看不到的霉菌，经过数十倍、上百倍的放大，使之呈现出菌丝生长的状态。

此次建立的“故宫文物医院”，是长达361米的两排建筑，外观保持传统建筑面貌，内部是建筑面积13 000平方米的现代化工作用房，通过地下通道与地下文物库房相通，以保证文物藏品移动过程中的安全。“故宫文物医院”保护人员编制扩大至200名，实现多学科融合。目前一些世界级的博物馆拥有30名、40名文物修复保护人员已经很了不起，故宫文物医院为什么要汇集200名“文物医生”？实际上，这些“文物医生”半数以上是拥有自然科学研究背景的专业人士，他们可以针对文物藏品进行分析、检测、探伤，制定分析研究报告和文物修复方案。

与此同时，我们还为故宫文物医院配置成套先进且适合文物修复的精密仪器设备，包括能量色散X射线荧光光谱仪、波长色散X射线荧光光谱仪、激光诱导击穿光谱仪等元素分析设备、X射线衍射物相分析设备，显微红外光谱仪、显微激光拉曼光谱仪、近红外光谱仪、紫外可见分光光度计、热裂解气相色谱质谱联用仪、超高效液相色谱质谱联用仪、超临界色谱仪等分子结构分析设备，环境实时监测系统、氙灯老化试验箱、恒温恒湿老化试验箱、全自动运动黏度测量系统、光纤光谱仪等环境、虫害与老化设备、同步热分析仪、热膨胀仪、高温物性测试仪、冲击测试系统等热性能、物理性能设备，

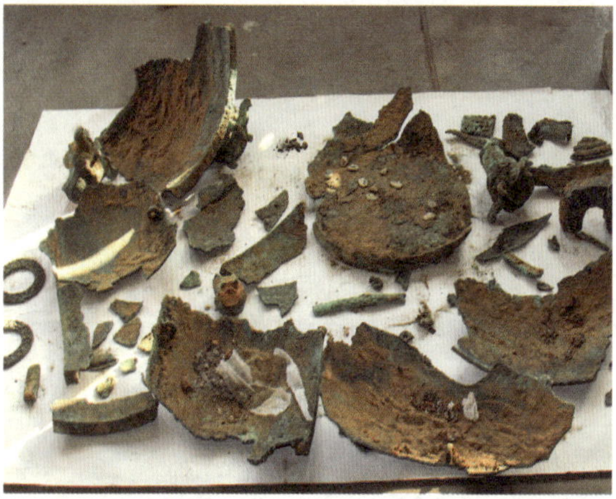

青铜器修复 1– 碎块整理

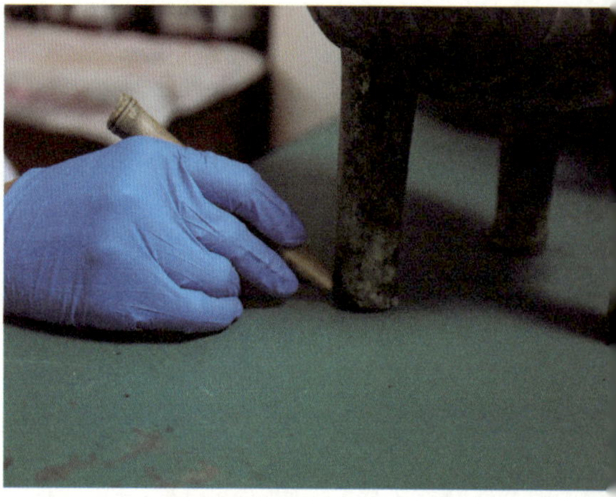

青铜器修复 2– 物理方法去锈

青铜器修复 3– 化学方法去锈

青铜器修复 4– 整形

青铜器修复 5– 焊接，粘接

青铜器修复 6– 拼接

青铜器修复 7- 补配

青铜器修复 8- 作色

微焦点X射线探伤机、通用型文物CT系统、光学相干断层扫描系统、高光谱成像系统、多光谱成像系统等无损成像、测量设备，扫描电子显微镜、超景深三维视频显微系统、激光共聚焦显微镜、偏光显微镜、金相显微镜、生物显微镜、实体显微镜等显微观察设备，以及三维打印机、热释光测量系统等近百台设施设备。

还可以举一些例子。在古书画装裱修复方面，故宫博物院一直是业内最高水平，但是今天遇到难题的时候，会有更多的修复保护手段。例如近年来正在维修保护乾隆花园，乾隆花园内最高的建筑是符望阁，符望阁里的一面墙上曾经有过一幅大型绘画，70年前解放战争时期，这幅绘画堆落了下来，当时的老员工就把这幅画包了起来。70年过后的今天要维修保护时，打开一看，这幅画已碎成了上千片。但是在计算机系统的辅助下，文物修复专家用三个月的时间居然把它拼对了起来，又用了一年多时间完成了修复保护。今天人们看到的是清朝著名学者董诰画的一幅非常漂亮的画，这幅作品实现了起死回生。

河南上蔡出土的一件青铜器，出土时就已经碎成了200多片，没有办法进行研究。但是在无损探伤的设备支持下，在最大的一块青铜片的铜锈下面，居然发现了20多字的铭文，得以知道这是一件带有先秦铭文的青铜器，是制造于春秋时期的一个鼎，非常珍贵，如今已经完成了维修保护。

再举一个例子。虽然目前在西藏、四川、青海等地区还有人在制作唐卡，但是没有人会维修古代的唐卡，因为如果不了解当年使用的材料、颜料、织绣方法，就会把古代的唐卡修复成了现代的唐卡。故宫博物院收藏有2000多件唐卡，长期以来也没有进行维修保护。今天，故宫文物医院掌握了唐卡的维修保护技术。例如养心殿内昔日雍正皇帝昼夜批奏折的那个房间北面有一个小佛堂，小佛堂的二层仙楼挂着48块唐卡，已经保存了200多年，亟须维修保护。我常给大家介绍其中的第34号唐卡——上乐王佛修复前后的对比，通过维修保护可以了解到这件唐卡上面一共有25层堆绣，使用了32种不同的材料，在唐卡上面有50多个小头像，有632颗小米珠。放大20倍以后，这些头像的鼻子、眉毛、眼睛、嘴就清晰呈现出来，这些小米珠如何串联、如何并联，可以观察得清清楚楚。再放大100倍，每一根金丝、银线是如何编织的，每一个细部是如何制作的，都可以清晰呈现。所以，在修复保护的过程中就不会改变唐卡的原状。因此，今天可以骄傲地讲，故宫博物院已经掌握了古代唐卡的维修保护技术。

其实，最近几年来，不论是记录文物修复工作的《我在故宫修文物》，还是反映养心殿研究性保护项目进展的《故宫新事》，都让观众了解到故宫专家在保护文化遗产方面做出的努力，也更让人们了解了一个词——工匠精神。《我在故宫修文物》的成功，其实就是故宫博物院所深藏的“工匠精神”受到了公众的关注。

一部纪录片让故宫博物院的文物保护修复工作从“幕后”走向“台前”，为大众所知晓。我想，该纪录片受到关注的原因，除了文物修复师们精湛的技艺，更多的正是凝结在器物本身上的一代又一代专家的匠心，也就是“工匠精神”。对于博物馆的文物修复专家来说，在这些技术层面的“手艺”之上，是对文物，对中华民族文化瑰宝的“敬畏”。每一件文物都承载着千百年前艺术家或匠师的心血和智慧，是古人精神生活的物质载体；能够历经千百年流传至今更是不易，所以修复工作容不得半点闪失。作为文物保护修复师，对待工作要有细心、耐心、责任心，也会不由自主地拥有更高层次的追求，也就是对待文物藏品和传统技艺的那份“虔敬之心”。

实际上，在故宫博物院，像这些文物修复师一样，日复一日、年复一年为保护故宫古建筑和文物藏品而默默付出的“故宫人”还有很多。这种“工匠精神”其实是一代代“故宫人”积累和传承下来的精神财富。

我刚到故宫博物院工作时，在文保科技部看到一位专家在修复一件漆器，几个月过去了，再来到这个文物修复室，专家还在修复这件漆器，于是请教要修多长时间，专家的回答令人印象深刻。专家告诉我在北京只有伏天、潮湿的季节，一天才能刷两道漆，平常的日子一天只能刷一道漆，而要修复这件器物一定要刷满 100 多道漆，一道都不能少，因此需要几个月时间。我感觉这就是我们赞美的工匠精神。

从紫禁城的修建开始，“工匠精神”就贯穿其中，例如“样式雷”家族。雄伟壮丽的紫禁城古建筑，其设计通常由皇帝钦派亲王及内阁重臣组建工程处，下设样式房，派最优秀的样子匠及建筑师供役。样子匠负责建筑规划、设计、制作画样、烫样、指导施工，并协同编制《工程做法》。从康熙朝直至清末民初，样式房的主持人主要出自雷姓世家，他们以出神入化的精湛技艺，取得了卓越的成就，受到上自朝廷君臣，下至世人的敬重，被誉为“样式雷”。紫禁城建筑无论兴建，改建还是修葺都是在十分严密的管理体制下，经过程序周详、构思巧妙、方法精审的规划设计，再按照设计图样、模型及施工设计说明进行。故宫大部分古建筑的艺术结构，都濡染有“样式雷”建筑世家的心血，是这个雷姓家族前后八代延续 200 多年主持清代皇家建筑设计事务的成果。而像这样一个传承不辍的优秀建筑世家，设计出规模如此浩大、类型如此众多、技艺如此卓绝的不朽杰作，在中国建筑史，甚至在世界建筑史上，都堪称无与伦比的奇迹。

《我在故宫修文物》的纪录片使得文物修复师走近大众，但是这一专业领域人才稀缺。据第一次全国可移动文物普查成果显示，我国有可移动文物共计 10 815 万件（套），这些珍宝中需要修复的比例是 37.12%。以故宫博物院为例，以现在的修复人员把现存文物修复保护一遍至少还需要百余年。

河南上蔡出土的春秋升鼎修复前

河南上蔡出土的春秋升鼎修复后

文物藏品保护修复（2014 年 8 月 13 日）

大家通过《我在故宫修文物》认识了王津师傅，但大家又可曾知道，与全国大量的钟表文物收藏数量来比较，我们掌握钟表修复技艺的力量还相当薄弱，人才也相当稀缺。仅故宫博物院就收藏了 2200 余件古钟表仪器，而掌握钟表修复技艺的人才只有 4 名。对于非物质文化遗产的保护，最为重要的措施就是充分发挥这些优秀文化遗产的共享价值，培养有力的传承人，让更多的人参与到对于这些遗产的保护中来。

我所理解的工匠，“工”就是干活，就是工作，“匠”是技术，是技艺，但是加上一个“精神”就进入了价值观领域、思想文化领域。工匠精神要传承，用什么方法传承？在德国、在日本也有好的经验，我在 1980 年到日本留学，4 年以后回国工作，学习的内容就包括职业教育。所以我理解，只有重视职业教育，能够一代一代地把传统文化进行梳理、加以传承，才能够形成社会尊重工匠精神的良好风气，才能使工匠精神呈现出更多成果，在今天人们现实生活中不断得以体现，并不断惠及人们的生活。

故宫博物院很多老工匠由于没有干部身份，到了年龄要退休，不能返聘，院里八大作的传承人一个一个都走掉了。他们培养的年轻人大都是来自周边地区，没有北京户口进不来故宫博物院；北京本地的年轻人又很少愿意学瓦匠、木匠。2015 年，故宫博物院和北京国际职业教育学校联手，首次开设了文物修复与保护专业。故宫博物院修复专家成为授课主力，但是受学历限制，该专业毕业学生想要进入故宫博物院从事文物修复，还有难度。为改变这一局面，2017 年 5 月，北京联合大学、北京国际职业教育学校和故宫博物院联合开展的文物保护与修复专业高端技术技能人才贯通培养试验项目获得批准。30 名北京籍初中毕业生将在故宫专家的口传心授下学艺，学成之后，将获得本科学历。

李克强总理在 2016 年的政府工作报告中，提出了培育“工匠精神”。这是一个鲜明的信号，更是一个积极的导向。“工匠精神”代表着一种时代的精神气质，精益求精，注重细节，追求完美和极致。大国工匠精神的铸造，需要各行各业的强力支撑。“工匠精神”是中国自古以来拥有的民族精神。文化创意产品研发，也需要寻找中华传统文化的“工匠精神”。今天故宫博物院应将“工匠精神”渗透到各个领域，去除浮躁，去除单纯的逐利心理，将文物背后的人文情怀、艺术造诣、时代精神播种在广大观众和社会公众心中。

因为“工匠精神”，600 年的紫禁城才可以驻颜有术，青春不老。下一个 600 年，再一个 600 年，我们的故宫会永远古老而又生机勃勃。也正因为故宫博物院的工匠们“择一业，终一生”，故宫，才是大家心目中那个永远的故宫。

木楼嵌银花座钟修后

象牙群仙祝寿塔修复后

伍 管理改革——不一样的参观体验

我们眼看着故宫的那张地图上未开放区域越来越小，一扇扇紧闭的大门次第打开，一个个幽静的院落跃入眼帘。2014 年，故宫的开放区域增加到 52%，到 2018 年，这个数字已经接近 80%。

我们在淡季把展览办得同样好。1 月至 3 月是故宫博物院的淡季，以往这一季节每天只接待两三万名观众。2019 年 1 月至 3 月我们举办了“贺岁迎祥——紫禁城里过大年”展览，每天观众都在 8 万限流上限。

很多人从前来过故宫博物院，以为不会再有什么变化，就不再来参观，如今看到这里开放区域不断扩大，举办丰富多彩的展览，就再次走进了故宫博物院。

为了更好地服务观众

大家到故宫参观，总会有一个感觉，那就是：人多。观众大量涌入，对故宫博物院的接待能力和接待质量来说是严峻的考验。近年来，故宫博物院是全世界观众数量增长最快的博物馆。2002年观众数量第一次突破700万人。但是2012年，就是我到故宫博物院工作的那一年，故宫博物院参观人数突破了1500万，10年间这个数字增长了一倍。故宫博物院成为世界上唯一一座每年接待观众超过1000万人的博物馆。

与之相对应，故宫博物院的观众数量还有一个非常大的特点，那就是淡旺季差距十分明显。淡季（11月1日至次年3月31日，春节小长假除外）每天观众一般在2万人左右，而到旺季（4月1日至10月31日），特别是“五一”“十一”和暑假期间，每天的观众经常会超过8万人，有时会达到10余万人。故宫博物院有史以来接待观众最多的一天就是在2012年10月2日，单日接待观众达到18.2万人。

快速增长的观众数量，使600岁“高龄”的紫禁城古建筑群和故宫博物院文物藏品承受着巨大的安全压力，同时观众应该获得的良好参观感受也大打折扣，而且发生踩塌等安全事件的隐患与日俱增，也给故宫博物院的观众服务接待带来了前所未有的挑战，保护任务极其繁重。

为此，我们采取了不少应对的措施。比如“闭”与“开”——设立闭馆日、增加开放空间；再比如“分”与“限”——采取分时段网络预约、每日限流8万人。应该说，这些措施在一些程度上还是起到了效果。当然，鉴于近年来故宫博物院的影响力越来越大，全社会对故宫的关注程度越来越高，我们的参观人数在这几年经历了短暂的微降后，又出现了“稳中有升”。2017年故宫博物院观众达到1670万，居世界第一，同一年法国卢浮宫艺术博物馆接待观众830万，居世界第二，接近故宫博物院观众数量的一半。

很多人从前来过故宫博物院，以为不会再有什么变化，就不再来参观，如今看到这里开放区域不断扩大，举办丰富多彩的展览，就再次走进了故宫博物院。

在这里我想说的是，在博物馆从“以物为本”发展到“以人为本”的今天，观众的参观体验已经越来越成为衡量一家博物馆是否成功的关键因素。以服务对象为中心，我们在近些年做了相当多的工作，毫不夸张地讲，为了更好地服务观众，我们进行了一场“管理改革”。

“闭”与“开”——设立闭馆日、增加开放空间

大家可能知道，国内外的每一座博物馆都有一定的休息日，或一周一天，或一月两天，这有利于日常维护和职工休整，而故宫博物院长期以来被称为“365 天全天候开放”的博物馆。从前，故宫博物院实行的还都是全年 365 天开放，只有每年除夕的下午和大年初一的上午闭馆。也正因为此，展厅或展柜因照顾观众参观而不能及时排险整修，服务设施得不到及时维护，服务人员缺乏培训时间，积累了很多问题，亟须解决。我们的全体员工是“连轴转”，可见故宫博物院的同仁们为服务观众、奉献社会付出了很多心血和辛劳。

故宫博物院于 2013 年 1 月 1 日起开始试行每周一下午（不含国家法定节假日）闭馆半天。每周一上午 8 点半开馆，中午 12 点闭馆，11 点停止售票。这对故宫博物院各项工作的有序开展起到了一定的促进作用。我们在做出决定之初，也担心社会公众不理解。于是我们召开媒体见面会，说明此举的目的，并邀请媒体深入现场了解故宫实施闭馆以后的工作状态，获得了很多媒体的支持。

每周一下午闭馆试行了一年后，故宫博物院于 2014 年 1 月 1 日起，除法定节假日和暑期外，正式实行周一全天闭馆。这一措施得到了社会各界的理解和赞赏。

闭馆之举为全面推进“平安故宫”工程，保持古建筑和院藏文物安全健康的状态，争取了更多的空间和时间。短暂的“休养生息”，其实质是为了故宫文物的“益寿延年”。

闭馆一天，使开放区的古建筑、文物展品得以“喘息”。俗话说“歇人不歇马”，是指抓紧完成一项工作时的状态，但是对于故宫博物院来说应该是“歇马不歇人”，因为我们所面对的“马”，是珍贵的文物建筑和文物展品，更应该使她们得到应有的歇息。闭馆一天，为的是使文物专家能够在不受干扰的情况下对保护对象进行保养呵护；为的是使开放部门、保卫部门员工及时对开放区域的设施设备进行检修整理；为的是使观众获得更加安全、更加舒适、更加优质的参观环境。因此故宫博物院的各部门十分珍惜闭馆日，组织开展包括员工培训、开放环境清洁、展厅室内维护、文物展品科技保护、开放区内“彩钢房”拆除等工作，也使一线管理人员及员工得以开展系统的培训，使广大员工常年紧绷的身心得以短暂休整。故宫同仁多年的期盼也终于变成现实。

我记得在第一个全天闭馆日，我们举行了“平安故宫”工程安全培训。闭馆一天，时间弥足珍贵，不能虚度。这一天要干什么事，能干什么事，我们要认真地思考、周密地计划、稳妥地组织实施。为什么要在第一个闭馆日，

故宫博物院正式实行周一全天闭馆消防演练（2014 年 1 月 6 日）

周一全天闭馆日文物保护清理（2014 年 1 月 20 日）

组织“平安故宫”工程安全培训？因为安全是故宫的命脉。保证观众的安全、古建筑的安全、文物藏品的安全始终是我们的头等大事，任务极其繁重，也极其艰巨。思路决定出路，如何在安全上筑墙阻弊，需要大家的智慧，需要形成共识，更需要大家有统一的、自觉的行动。大家也可以看到，我们是真正做到了“歇马不歇人”。

有“闭”的尝试，同时我们也有“开”的措施，那就是，相比起以前，我们新开放了相当多的区域。

2002年前紫禁城的开放面积大约只占30%，到2012年时，这个数字增长到了48%。有些地方之所以不开放，因为有些建筑是库房，有些建筑是故宫博物院办公场所，还有些建筑则长期被外单位所占据。而我们深深意识到，应当将更多的区域向观众开放。一来，这是让人们认识故宫、了解故宫的有效措施。特别是将这些建筑辟为文物专题展馆，让更多的参观者了解了故宫的文物家底，对故宫的“博物馆”属性更为熟知。二来，这也是“分流”的有效方式。以往，故宫的观众多是集中在中轴线上，很少关注两边的建筑和展览。我们统计过，过去80%的观众来故宫都是“到此一游”，没有看到故宫博物院的展览就出去了。这使得中路观众拥堵，对古建筑、文物的安全和游客的安全都是非常不利的。开放更多的区域，也是合理地疏导人群、将不同需求的观众引导到不同区域的方法。当然，这中间还要通过我们积极有力地宣传才能更为有效。

最近这几年，为扩大开放区域，故宫博物院做了相当多的努力。我们将部分外单位清出故宫，将我们自己原有的一些办公室搬离出古建筑，并将部分地面库房内的文物进行了转移。从郑欣淼院长当年到任之初，我们就启动了故宫古建筑整体维修保护工程，这都是实现区域扩大开放的前提。终于，在大家的共同奋斗下，故宫的开放面积在这几年有了明显的提升。

从 2014 年开始，故宫博物院推开了一座座常年封闭的大门，越来越多的区域面向观众开放。包括慈宁宫、寿康宫、午门雁翅楼、故宫城墙、南大库、延禧宫等。

隆宗门被打开，意味着故宫的西部区域第一次开放。这一区域由于没有开放过而显得很神秘。昔日住在这里的是皇帝的母亲们，她们在这里建了一些佛堂和花园。其中最大的宫殿是慈宁宫，是明代嘉靖皇帝给母亲建的皇太后寝宫，规模非常大，如今在这里安排了 5 个雕塑展厅，成立了故宫博物院雕塑馆。

慈宁宫西侧的寿康宫同期开放，开放的第一天就迎来了很多年轻人，他们说这是“甄嬛”住的地方。实际上在寿康宫里居住时间最长的是乾隆皇帝的母亲，崇庆皇太后在这里居住了 42 年，故宫博物院宫廷历史专家经过详细研究，将崇庆皇太后居住时使用的家具、用具、陈设都恢复了原状。乾隆皇帝是一位孝子，如果在宫里的话，每天早晨都会给母亲请安，来的就是寿康宫的东暖阁，乾隆皇帝当年看到的室内情景，应该说与今天观众们看到的室内情景是一模一样的。

午门雁翅楼曾经是文物仓库。后来，文物从里面搬了出来，雁翅楼得以维修。它的外观维持原状，但里面成为世界上最大规模的博物馆临时展厅，可以承接世界上任何珍贵文物藏品展览。从雁翅楼开放至今，已举办过很多大型展览。

我们还开放了故宫城墙。观众走在城墙上会获得不同的感受，可以观赏沿途紫禁城内的景观、紫禁城外面的风光。沿着城墙走还会有惊喜，可以走进过去只能远远眺望、远远拍照的角楼。在角楼里面制作播放一段 25

寿康宫原状陈列（2015 年 9 月 11 日）

故宫博物院正式实行周一全天闭馆太和殿文物保护（2014 年 1 月 6 日）

故宫家具馆内景

分钟的虚拟现实影片，告诉观众如何把上万块木头通过榫卯结构，组合成三重檐七十二条脊的美丽角楼建筑。

我们开放了位于武英殿南侧的南大库。故宫博物院现存明清家具 6200 余件，数量为世界之冠，年代自明永乐以迄清宣统，其中以清代宫廷曾经使用者为主，而在清代家具之中，又以乾隆朝所留存下来的家具数量最多。此前这些珍贵的家具文物一直藏在深宫大库之中，不为外人所熟知。事实上，大部分家具长期被堆放在 90 余间库房中，很久以前被抬进库房以后，就再也没有出来过，不能通风、不能修复、不能研究、不能展示，有的库房里的家具最高叠放了 11 层，没有良好的保管条件。每当看到这样的场景，我就

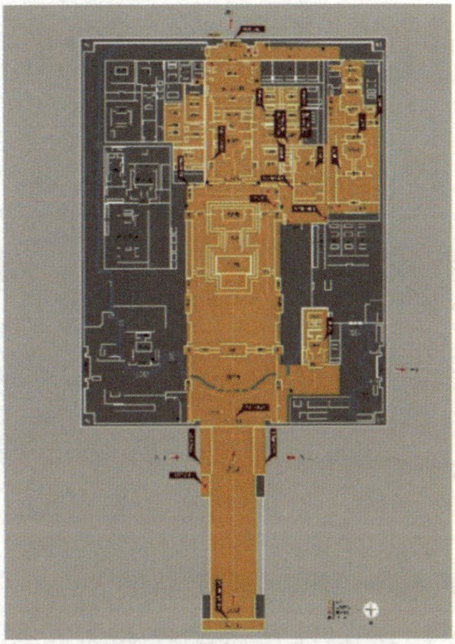

故宫博物院开放区域达 52%（2014 年）

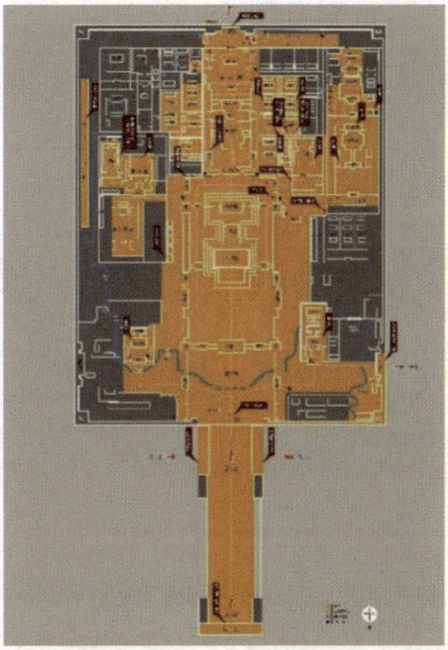

故宫博物院开放区域达 76%（2016 年）

在想为什么要让这些文物常年委屈地放在库房里呢？实际上，只有被展示出来，才会进行精心的维修保养；只有被观众欣赏，这些文物才能获得应有的尊严。于是，将南大库规划确定为宫廷家具专门展示场地。经过三年筹备，如今南大库已经成为现代化的专业文物展厅，一是组合式的家具展览，展示与宫廷礼制、帝王生活相关的宫廷家具，供观众近距离欣赏；二是情景式的家具展示，按照书房、琴房、庭院等主题进行场景设计，形成不同的文化空间；三是仓储式的家具展示。“仓储式”展示是缓解库存压力，扩大展览面积，增加文物展示数量，给库存文物更多亮相机会的有效手段。通过南大库的“仓储式”展示，既使古建筑得到更好地维修保护和合理利用，又使家具

故宫家具馆内景

故宫家具馆内景

文物得到整理、保护和展示，更使观众能够欣赏到宫廷家具用料之考究、设计之精美、内涵之丰富，让“故宫行”再增加一个不得不去的“新看点”。

故宫博物院的开放区域还在继续扩大，例如近年来进入人们视野的延禧宫区域。延禧宫在历史上屡遭雷火烧毁，最后一次是在道光年间。于是，末代皇帝溥仪决定在此建造一座观鱼的西洋建筑“水晶宫”以避火灾，建筑主体使用金属结构，墙体和地板大量使用玻璃材料建造，建筑四周凿水池蓄水。但是开工不久，溥仪就被迫退位，建造工程就此停止，成为北京地区最早的“烂尾楼”，也留下了一处故宫里面难得一见的中西合璧文化景观。利用这一景观环境，故宫博物院决定建设一座外国文物馆。故宫博物院收藏着很多来自世界各国的珍贵文物。外国文物馆建成以后，观众们可以一饱眼福。

相信大家也都能看到，这些年，故宫里的“游人止步”区域越来越少了。我们眼看着故宫的那张地图上未开放区域越来越小，一扇扇紧闭的大门次第打开，一个个幽静的院落跃入眼帘。2014 年，故宫的开放区域增加到 52%，2015 年为 65%，2016 年扩大至 76%，到 2018 年，这个数字已经接近 80%，到 2025 年故宫博物院百年院庆时，我们希望这个数字超过 85%。

“分”与“限”——旺季不挤、淡季不淡

今天，世界上恐怕没有哪座博物馆，或哪处世界文化遗产地，会像故宫一样面临如此众多具有挑战性的管理课题，同样也没有一座博物馆每年会迎来上千万的参观者。近年来，故宫博物院是全世界观众数量增长最快的博物馆。2013 年因周一闭馆半天等因素人数略有下降，但也有 1456 万之多，而到了 2014 年，观众人数则又有回升趋势。对故宫博物院而言，在接待观众方面的最大困难，一是参观人数不断攀升，二是淡季与旺季差距非常明显。在每年的观众流量曲线图上都会呈现出高度一致的“双针一峰”图形，即“五一”“十一”两根针，暑期一座峰。

可以说，逢长假，故宫里“堵”是常态，御花园不得不改为单行，有时候穿过一道宫门需要一点点蹭着走 5 分钟，真真有了“一入宫门迈不开腿儿”的感觉。故宫博物院观众无限制地增加，作为世界文化遗产，文物和古建筑群都难以承受，观众参观的舒适度也大打折扣，观众走失现象时有发生，更为严重的是存在极大的踩踏事故风险。2015 年 1 月，我们在历经数次限流失败后，再次提出要限流，计划将每日接待观众数量上限定为 8 万人次。当时我们专门召开了一次发布会征求意见，我在发布会上说过，限流不仅是为了缓解压力。如果观众超过 8 万，甚至 9 万、10 万，人挤人，排着队往前走，后面人看前面人的后脑勺，这对观众的文化权益也是伤害。

有媒体曾经问我，为何不采取提高票价分流的措施。说真的，提高票价

我们没有考虑，因为全世界只有一个故宫，这么大的文化体量，这么多的文化资源，就现在的票价而言，淡季每人 40 元，旺季 60 元，如果涨到 100 元可能跟限流没有多大关系，人们也不认为很贵。但是提高票价阻挡的是低收入人群进入故宫，这是我们不愿意看到的。有一次，我在甘肃博物馆做调研，看到一群大学生在很认真地抄写讲解词。聊天中，我得知这些同学是学旅游专业的三年级学生，为了节省一张 35 元的门票，趁着有活动才第一次走进博物馆。我想，像这些大学生一样的参观者一定还有很多，我们不能因为提高票价而把他们挡在故宫博物院之外。

因此，控制单日参观人数总量成为我们最后决定的选择方式。

2015 年 6 月 13 日，即第十个中国“文化遗产日”，故宫博物院开始试行每日限流 8 万人次，以刚性措施保证故宫博物院安全，即观众安全、古建筑安全、文物藏品安全，为全面实现观众流量的科学管理和理性调控打下坚实基础。与此同时，故宫博物院全面推行实名制售票，实行旅行社团队全部通过网络预定门票，取消旅行社团体现场售票，并提倡观众通过网络预定门票，逐步提高网络预售比例。

故宫博物院的 8 万限流措施，目的并不是要限制观众参观，而是尽全力维护观众参观的安全性、有序性、舒适性，通过限流使观众有序参观，并享受到更加优质的博物馆服务，这也是故宫博物院精细化管理的目的和意义所在。实现限流 8 万和全网售票，既是精细化管理的初步体现，也为今后进一步推进精细化管理奠定了基础。

故宫博物院 2015 年全年实现限流 32 次，2016 年全年实现限流 48 次，2017 年暑期及小长假期间均实行了 8 万人次限流措施。虽然旺季和节假日因限流减少了部分观众入院，但全年入院观众人数仍然逐年递增，2016 年首次突破了 1600 万人，2017 年 1670 万人，2018 年 1754 万人，2019 年达到 1933 万人。不过，全年内单日接待观众数量得到了基本的掌控，起到了十分有效的“削峰填谷”作用。通过限流，参观秩序有了明显改善，观众参观体验环境得到显著提升，“旺季不挤、淡季不淡”，观众、古建筑和文物藏品的安全也得到了进一步保障，达到了预期的效果。

在限流的同时，我们努力推进“分流”。这里的分流，指的是如何将观众分流到一天或一年的不同时段。具体而言，也就是尽量将旺季某一天、某一时期大流量的参观者引导到淡季去，将某一天内某时段集中的参观者引导到不同时段。

我们在淡季把展览办得同样好，并实施了一系列免费日，例如教师免费日、医务人员免费日、环卫工人免费日、公交司乘人员免费日等，让不同的观众们体验。人们逐渐了解到淡季参观故宫博物院也很好，越来越多的观众自愿选择淡季前来参观。

1 月至 3 月是故宫博物院的淡季，以往这一季节每天只接待两三万名观众。2019 年 1 月至 3 月我们举办了“贺岁迎祥——紫禁城里过大年”展览，每天观众都在 8 万限流上限。特别令人兴奋的是，其中 50% 的观众是年轻人。一座古老的紫禁城，一座开放近百年的故宫博物院，如今成为年轻人喜欢访问的地方，我感到非常欣慰。很多年轻人清晨就相约走进故宫博物院，流连

故宫博物院实现全网络售票（2017 年 10 月 8 日 ）

故宫二维码识别检票系统（2014 年 9 月 1 日）

忘返地参观丰富多彩的展览，参与引人入胜的活动，闭馆时才离开，我觉得这才是一座博物馆应有的文化气象。

数字化、网络化技术的发展为分流和限流提供了支持。2011 年 9 月 25 日，故宫博物院开始尝试网络预售门票，当日门票预订仅有 287 票。2011—2014 年，全年网络售票都在 2% 左右。2015 年 6 月试行限流 8 万人次和实名制售票，2015 年全年网络售票为 17.33%。2016 年全年网络售票增长至 41.14%。2017 年 7 月起，故宫博物院全面推进网络售票，开放网售当日票和现场手机扫码购票。2017 年十一长假期间，故宫博物院首次实现全网络售票。其后，故宫博物院正式迈入“博物馆全网售票”时代。为了有效实施全网售票方案，故宫博物院在提前准备阶段就升级改造了配套系统设施，研发多元购票方式，并提前数月对现场观众进行购票引导，逐步实现将线下购票转化为线上购票。同时故宫博物院也制定了现场票务解决方案，观众可以在现场手机扫码购票，也可以通过现场票务服务咨询台、综合服务窗口获得票务方面的帮助。

故宫现在实行全员网络预约，告别了现场买票的传统方式。每天 8 万个名额，某一天的名额满了，那么就只能选择其他日期，这就等于是定下了“波峰”，将那些没有预约到的参观者分散到淡季或观众相对较少的日期。与此同时，我们的预约界面可以选择当日上午和下午，这无疑也分散开了某日较为集中的人流。而在实行网络售票和每天限流 8 万人的措施之后，以往节假日人山人海、排着长龙的状况不复存在了。

未来，故宫博物院还将继续改进我们的预约系统。实施更加精细化的观众分流方案，例如实行分时段售票，届时观众可以选择当天的某个具体时段进入故宫博物院，这既是对故宫参观游客的分流方案，更是给观众营造更加美好的文化空间和参观体验的全新措施。

大数据下的“厕所革命”

随着科技的进步，我们对于观众服务的管理也逐渐向精细化发展。这其中最明显的例子就是“厕所革命”。

长期以来，不少观众抱怨在故宫博物院“如厕难”，尤其是一到黄金周、小长假，卫生间门口就更是排起长龙。这个问题不仅普通观众不断反映，一些知名人士、专家学者也跟我提到过。

在这里和大家分享一个故事。2018 年 12 月 15 日，我本人有幸在“影响中国”2018 年度人物荣誉盛典中获得了“年度文化人物”，当时是黄永玉先生为我颁奖。在颁奖台上，黄永玉先生就问了我一个很特别的问题。据黄先生回忆，20 世纪 50 年代时，他曾是故宫的常客，还记得那时故宫的卫生间被称为“流沙河”。转眼六十年过去，黄永玉先生近年来常常在杂志和报纸里，或是从朋友那里听到故宫博物院的新变化，将其形容为“不得了的大话题”。现在他年龄大了，没办法亲自去故宫参观，唯一问我的问题就是：“故宫的洗手间怎么样了？”

这个问题还真没能难倒我们“故宫人”。这几年，我们发现卫生间的问题的确很严重，耽误观众宝贵的参观时间，也影响参观情绪。特别是很多女士经常要排很长的队。有段时期，洗手间的门前还专门写着“女士请排队”。可据我观察，男士其实也很惨，他们在旁边拎着包儿，抱着孩子，一点儿也不比女士轻松。

于是，故宫博物院的工作团队进行了研究，得出了一个结论：女士的卫生间数量应该是男士卫生间数量的 2.6 倍。为此，我们对全院卫生间进行了增建和调整。端门广场区域内公共卫生间严重不足，我们就在那里扩建了卫生间，甚至将一个职工食堂也改造成了卫生间，满足观众需要。一到旺季西边卫生间为女士专用，东边卫生间一半男士，一半女士，两边卫生间相隔 50 米。目前，全院共有女性卫生间 35 个。经过试验，非常成功，即使是旺季观众也不用在卫生间门口排长队了。应该说，有了精细化的管理理念，一些“老大难”的问题也会迎刃而解。故宫博物院里的“厕所革命”也还在持续地进行。相信还有很多观众和黄永玉老先生一样关心着故宫博物院的变化，欢迎大家到故宫博物院“参观”我们的卫生间。

在这个基础上，我们又在去年开始设立母婴室。经常看到母亲抱着孩子躲在角落里，给孩子换尿不湿、喂奶，十分尴尬。既然机场有母婴室，车站有母婴室，博物馆为什么没有母婴室？我们就在乾清门广场西侧最好的位置设立了母婴室，让带着孩子来故宫博物院参观的妈妈们也能拥有良好的参观体验，也拥有尊严。由此，我们也获得深刻的体会，一切服务工作都不能仅仅立足于管理者方便，而必须优先考虑观众方便，以此为目标，办法就一定会比困难多。

再有，来故宫博物院参观的观众 90% 是从外地来的，进入故宫博物院后经常找不到方向，指路的标识少且不明显，标识牌不够规范、指示内容也不够全面。于是，我们对全院的标识牌进行全面的整治、提升，并统一设计为与古建筑环境相协调的样式。在三岔路口、十字路口、有洗手间的地方、有展览的地方，第一年就设置了 512 块标识牌，随着开放区的扩大，标识牌

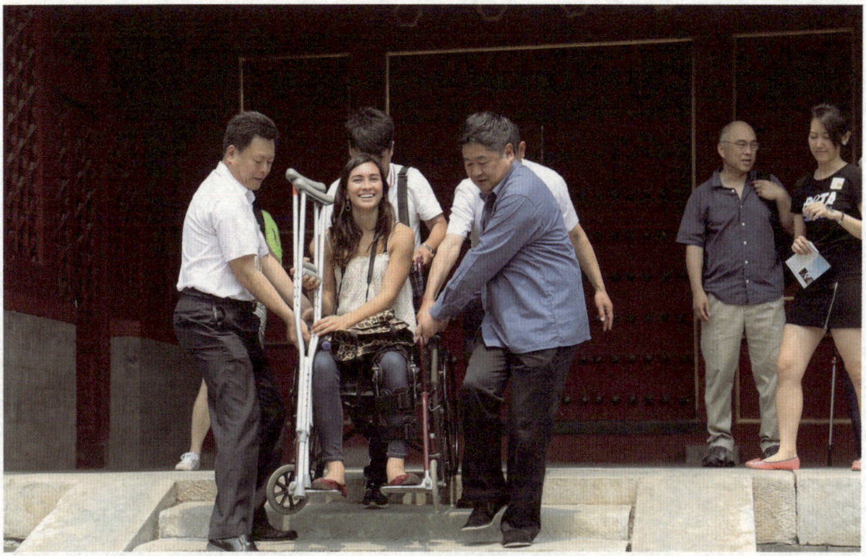

为有特殊需求的观众提供服务（2015 年 5 月 17 日）

设立母婴室（2016 年 7 月 16 日）

故宫城墙

不断增加，这样观众走到任何一个地方都知道自己身在何处，想去什么地方应该往哪里走。随着数字技术的进步，我们又开始增设电子标识牌，能够把每天最新的信息告知观众。

同时，人们还需要在行走的过程中听讲解，于是我们又提升了自动讲解器功能，目前故宫博物院的自动讲解器，可能是全球语言最丰富的博物馆自动讲解器，一共有 40 种语言，包括各国的语言，一些民族的语言，地方的方言，例如粤语、闽南话等，还有专家版、少儿版、对话版，人们各取所需。此外，今天人们接收信息的方式和手段还在不断进步，于是故宫博物院开始加大免费 WiFi 互联网服务覆盖，使观众可以用自己的手机自主获取更多需要的信息。总之，为观众服务的努力将永无止境，例如今天已经进入5G时代，如何利用新的技术更好地为观众服务，需要继续探索。

2019年3月，故宫博物院与华为公司签署了战略合作协议，共同建设“5G故宫”。主要目标有两个：一是全时空、全天候监测不可移动文物、可移动文物的保护状况。二是为观众提供更好的服务。希望再过一段时间，观众走进故宫博物院，打开手机就能够知道今天有多少项展览，每个展览什么内容，需要参观的展览在什么位置，展厅里面现在有多少人在观赏。如果想上洗手间，打开手机就可以知道距离最近的洗手间在什么地方，有几个坑位空着。要想喝茶，打开手机就可以知道有几个茶室正在开放，都沏的是什么茶，有什么新书可以看。要想买故宫文化创意产品，打开手机就可以知道要买的文化创意产品在哪个地方正在售卖，存量有多少。总之，故宫博物院一直在努力为观众提供更精准的服务。

如今，观众在进入故宫博物院之前，可以在观众服务中心咨询一些参观事项，领取免费的故宫博物院地图，观赏一下介绍故宫博物院的影视片，然后在触摸屏上“做做功课”，设计一下自己的参观路线，例如参观展览的路线、参观古建筑的路线。观众服务中心还为有特殊需要的观众免费提供老年人、残障人士、婴儿轮椅。

应该说，我们所做的一切，都是为了让观众能够获得更好的参观体验，让观众能够尽情享受故宫的建筑、故宫的展览、故宫的文化创意、故宫的方方面面……

外宾的车也进不来

实行网络预约制之前，在很多人的印象中，进入故宫博物院是一个非常困难的过程。尤其是在旅游旺季，买票需要排队半小时、一个小时甚至更长时间，好不容易排到窗口买完票但是还进不去，还有很多麻烦的手续，如验票、安检、存包，一番折腾下来，当拖着疲惫的身体走进故宫博物院的时候，精力已是消耗大半。我也进行过尝试，可以说的确是感同身受。认识到这一状况必须改变。

因此，在那个时候，我们就对售票工作进行了一番整顿。故宫的门票20年未涨价，淡季40元，旺季60元，老人半价，学生20元，人民币没有40元、60元的面额，需要找钱，影响售票速度。当时还没有条件实行全网售票，于是只有增加人工售票的窗口。增加的售票窗口就位于端门广场。不少人都记得，端门广场曾经被小商小贩占据，故宫博物院在接收了端门广场后，进行了彻底清理，并将端门广场西侧的建筑作为售票窗口，使售票窗口由过去的16个，增加到30个，最多的时候能达到32个。于是我们终于可以向社会承诺：95%的观众来到故宫博物院，3分钟之内就可以买到票，观众最集中的时刻也不会超过15分钟。我反复到现场观察，这一承诺的确是做到了。观众买票的时间省下来了，就有更多的时间和精力参观故宫博物院的展览，这不仅是对观众参观体验的提升，同时也是对辛勤筹备展览的同仁们的激励与肯定，对于观众和故宫博物院都大有裨益。

买票难的问题解决了，接下来就是休息难的问题。以前端门广场没有休息场所，大家累了只能席地而坐，偌大的广场上满眼都是坐在地上的观众。这不仅影响环境，对穿梭前行的观众也会造成障碍，更重要的是，对坐在地上的人们来说，并不能得到很好的休息。经过观察，我们发现当时观众最喜欢坐的位置居然是树坑。为了让大家能够有尊严地休息，我们便做了 200 把椅子，每张椅子上可以坐 3 个人，这样 600 人就可以坐下来。这样一来，树坑就没人坐了。我们又赶紧把树坑填上，为道路两侧的 56 棵树做了 56 组树凳，又有 600 人可以坐在树凳上，这样观众能坐的地方就更多了。

观众走进故宫博物院，同样存在休息难的问题。例如，过去御花园到处都是铁栏杆，只有一条条石子甬道。观众累了，就坐在铁栏杆上、蹲在地上。现在大量的铁栏杆被清理拆除，有效扩大了观赏空间，还增加了几十处观众座椅。为了解决故宫博物院里面休息座椅少的问题，专门组织研发了适合故宫博物院大流量观众、与故宫红墙黄瓦的历史环境协调的座椅和树凳。其中第一年就做了 1400 把观众座椅。随着开放区域扩大，观众座椅不断增加，人们坐在上面既有尊严，又很舒服。目前，已经有 11 000 名观众可以同时在不同地点坐下来休息。休息好了，大家自然有体力也有心情更好地享受故宫文化。

端门整顿好以后，我们就开始整顿午门广场。故宫博物院的入口是午门。

故宫内的观众座椅

午门正面明明有三个门洞，但是过去买票的观众只能通过两边的小门排队安检，验票，中间的大门却不能走，留作贵宾车队通行，以此为礼遇。这样就造成两边的小门前经常排着长长的队伍，人们眼睁睁地看着中间的大门而不能走，对此观众们意见很大。当时我想，英国的白金汉宫、法国的凡尔赛宫、日本皇宫也都对外开放参观，但是贵宾车队并不能直接驶入，这是观众权益问题，也是文化尊严问题。于是，故宫博物院就发布公告，机动车一律不得驶入午门。

2013 年 4 月 26 日，时任法国总统奥朗德一行参观故宫。他是第一位在午门前下车的外国国家元首，我迎上去给他讲述了午门的故事，看到他仰望着雄伟的午门古建筑群，满足于还没有走进故宫就感受到紫禁城的壮

雨后故宫神武门

美，随后他带着女友步行穿过长长的门洞走进故宫博物院，这种体验将使他终身难忘。我始终认为，参观故宫最重要的是获得难得的文化体验。贵宾在午门前下车，首先看到的是巍峨的午门城楼，而从午门门洞步入紫禁城，那种悠长，神秘的感觉，那种期盼看到前方景象的感觉，相信是每一个人都会有的心情。当他们走出午门门洞，看到前方豁然开朗的太和门广场，这种感觉绝对是他们所期待的。而过去来故宫博物院的外国国家元首、政府首脑坐车驶入，就失去了应该获得的参观感受。我们经过与有关部门协调，取消了贵宾车队开车进入午门的惯例。如今，午门正面的三个门洞都对观众敞开了，大大提高了通行能力，人们进入故宫博物院不再需要排队。

还有验票和安检环节的改善。过去，验票环节是验票员站在铁栏杆里

接待法国总统奥朗德参观（2013 年 4 月 26 日）

与爱尔兰驻华大使在院内休息（2017 年 3 月 1 日）

面，观众从铁栏杆中间进入，安检环节是安检机设置在午门门洞里面，把门洞堵了一半。这就导致验票需要排队，安检也需要排队，一到旺季午门内外人们挤作一团，混乱不堪。为了改变这一状况，拆除了验票栏杆，从门洞内移走了安检机，在午门广场上东西两侧设置验票和安检设施，但是入口增加了 12 倍，这样无论来多少观众，午门前都再也没有出现拥堵现象。

总之，经过优化售票、验票、安检，以及调整外宾接待方式，故宫博物院门前广场的环境就得到了明显改变。过去，故宫午门广场不大的空间里面，人们挤在一起买票、验票、安检、存包，那时大喇叭经常广播：某某观众，您家的孩子找到了，请到某某地方去领。对于一位观众来说，还没有进入故宫博物院，孩子先丢了，心情能好吗？而今天，每一位观众都能仅用 8 分钟、10 分钟时间，就可以带着好心情、好体力进入故宫博物院。

随着故宫博物院开放区域面积的逐渐扩大，观众参观的时间不断延长，需要为观众提供更多更好的休息服务场所。过去，观众在故宫博物院参观的过程中，总是在室外用餐，既不雅观也不卫生。例如故宫西部区域开放之前，隆宗门门洞曾经是快餐店，人们坐在门洞里用餐并不卫生，而且冬天很冷，夏天很热。故宫西部区域开放的同时，我们取消了隆宗门门洞内的快餐店。但因为每天大约有三分之一的观众前来参观慈宁宫、寿康宫、慈宁宫花园等西部区域，需要在附近重新选择一处就餐场所。

在既不能再盖临时建筑也不能不合理利用文物建筑的前提下，我们经过研究，最终选择了故宫冰窖建筑群。隆宗门外西侧一排不高的红墙后面有 4 座古建筑，不是木结构建筑，而是在紫禁城内为数不多的砖石结构建筑。这里是昔日的皇家冰窖。过去，每逢冬天，人们将筒子河里的冰切成一尺五乘一尺五的方冰，抬到冰窖里存储，每一座冰窖可以存储 5000 块冰，四座冰窖就可以存储 2 万块冰。冰窖的墙壁有 2 米厚，存储冰以后，把冰窖封起来，夏天再取出来供皇家使用，冰镇食品、调节室温。但是这一百年来，冰窖没有再存储冰，而是作为一般的仓库使用。

我们在实地调查时，看到的是冰窖建筑里面存放着木板、汽油桶、水泥等建筑材料，并没有得到科学保护和合理利用。于是，我们便对冰窖建筑群进行了维修保护，建成了“冰窖观众服务中心”，里面设有书吧、茶吧、咖啡吧、快餐厅，为观众提供优质服务。冰窖观众服务中心距离太和殿不足 500 米，可以同时接待 300 位观众就餐、休息。因采用快餐方式，平均半个小时就可以接待一批观众，一个中午就能接待上千人。人们在这里有尊严地就餐、休息时，还可以领略这组神奇古代建筑的魅力。

按照同样的思路，景运门内的故宫商店彩钢房也被拆除，御花园内的食品商铺也被撤离，在消除火灾隐患、增加观众活动空间的同时，还原了古建筑的历史原貌。特别是在东长房区域建立了与故宫文化环境相协调的一组文化创意馆，成为观众离开故宫博物院之前的“最后一个展厅”，实现把“博物馆文化带回家”的愿望。我们还在神武门外东西两侧设立故宫文化服务区，把故宫的食文化、书文化、茶文化等特色融入其中，来这里不用买故宫门票，这里不受闭馆限制，将更方便观众亲近故宫文化。

故宫博物院是公共文化设施，要保持整洁干净。说实话，对于规模宏大的故宫，实现全面“禁草”和全面“禁垃圾”的要求的确有难度，但是当故宫内每个角落都干净整洁之后，观众就会自觉维护，不再随意丢弃垃圾等废弃物，环境质量大大提升。正是在这种看似严苛甚至不可能实现的标准要求下，故宫博物院才在较短的时间内解决了上述难题。实践证明，环境是可以影响人的。

冰窖餐厅内景

冰窖餐厅菜肴

陆 “十亿万级”参观量的博物馆

我看到有的网友总结我们的故宫微博是：有事启奏，无事晒颜。如果有“正事儿”，比如说有展览要宣传呀、有活动要举办呀，故宫微博就“有事启奏”，寻常日子里则忙于“花式晒颜”。故宫博物院微博的美图系列，里面强烈的故宫元素加上诗意的表达，能让大家感受到故宫是一座活的城。

大家希望看到什么，我们就来展示什么……2016 年紫禁城的初雪一组照片放上去点击率 1425 万。2017 年没有等到下雪，我们迎来了红月亮，当时我正在苏州出差，打电话建议拍一组“红月亮”的照片放上去，结果第二天一看，2000 万的阅读量。

经过 6 年的努力，我们出品的 APP 达到 10 种，每一种都获奖了，媒体给予我们一个公正的评价，叫“故宫出品，必属精品”。

微博、微信上永远的热点

伴随故宫博物院影响力的扩大，来访观众数量迅速增加，2019 年达到史上最高，首次超过 1900 万人。但是我们知道每年到访故宫博物院的观众不过是世界人口中很少的一部分。所以需要通过更多的方式使人们了解故宫文化。

2011 年以来，微博、微信等社交媒体平台呈现爆发式增长的趋势。随着互联网技术的突飞猛进和新媒体的发展,故宫博物院开设了故宫官方微博、微信。2011 年，故宫博物院微博开通之初，就吸引了上百万的粉丝。2014 年，故宫博物院又开设了微信公众号“微故宫”。“微故宫”使用故宫特色的微语言，组织微话题，推出微展览，为观众参观欣赏古代建筑，文物藏品，特色展览等提供全面、立体、便捷的服务。既方便了观众参观，又传播了故宫文化和文物保护理念，受到了社会公众的肯定。有人跟我说过：“你们故宫的官方微博，发一条就是热点！”“微故宫”确实也已成了不少粉丝了解故宫的平台。

我们发现，新媒体成为故宫博物院与海量观众沟通的良好渠道，使得双方关系由过去的单向输出变成了双向沟通。每发布一条信息，都有大量的观众关注、评论、转发。我们得以从中直接倾听观众的反馈，了解观众的愿望，并通过调研、观众投票的方式来运营新媒体，研发故宫系列 APP 和文化创意产品，不断改进服务。

故宫博物院的微博开设了“春夏秋冬”各具特色的话题，“爱上这座城”的话题，让小猫“壮壮”为文明参观代言，“宫猫记”系列漫画深受观众喜爱。故宫博物院的“猫保安”，每一只都有名字，摄影师给它们拍摄了非常生动的照片，做成明信片。封面用哪只猫呢？由观众投票来决定。

在填色游戏最风靡的时候，故宫博物院选出院藏服饰，古建筑等一些线描图，让观众填色，然后通过微博的观众投票，让大家自己选出填得最好的前三名。故宫出版社看到这个活动非常火爆，就趁势设计推出了《点染紫禁城》的填色书系列，营销情况很好。

2015 年以“二十四节气”为主题的《紫禁城的物候》系列照片在故宫博物院官方微博和微信公众号相继推出，古老沉寂的紫禁城鲜活了起来，网友频频点赞。

还有的时候，人们希望经常看到故宫的美丽景色，我们故宫微博就经常向人们展示故宫风光照片。2016 年一组“紫禁城初雪”照片的访问量达到 1425 万。2017 年没有等到下雪，我们迎来了红月亮，当时我正在苏州出差，打电话建议拍一组“红月亮”的照片放上去，结果第二天一看，获得了 2000 万的阅读量。

当然，还有大受欢迎的《谜宫·如意琳琅图籍》。这不仅是故宫出版的首本创意互动解谜书籍，也填补了中国解谜游戏市场的空白。该书用古籍的

故宫初雪

形式，将中国风的解谜内容与故宫历史知识文化融为一体，创新了故宫文化知识传播的方式。这些独特的创新因素使该书还未推出就备受关注。2018年10月24日，故宫博物院微博推出了一条“故宫出版神秘古籍”的微博后，阅读量很快就达到了500万，至11月12日，阅读量高达1900多万次，点赞2.2万次。可以看到，这就是故宫博物院粉丝的文化力量！

我看到有的网友总结故宫微博是：有事启奏，无事晒颜。如果有“正事儿”，比如说有展览要宣传呀，有活动要举办呀、故宫微博就“有事启奏”，寻常日子里则忙于“花式晒颜”。还有一个微博网友的话说得很风趣：淘宝文创卖萌，负责赚钱养家；官方微博矜持，负责貌美如花。故宫博物院微博的美图系列，里面强烈的故宫元素加上诗意的表达，能让大家感受到故宫是

一座“活的城”。

大家对故宫的“点评”多了，故宫博物院和互联网上的广大观众和社会民众就产生了非常良性的互动，观众觉得故宫博物院不再是高高在上绷着脸的老师，而是逐渐变成了身边的亲密朋友，所以非常愿意为故宫博物院建言献策。当然有时候也会有犀利的批评，而正是这些批评建议帮助故宫博物院把各项工作做得更好。

这里必须夸赞一下我们的幕后英雄——可爱的新媒体团队。他们着力研究受众群体的变化，更新传统文化的传播方式，通过更新官方网站、发送官方微博、开通微信公众号、营销文化创意产品等灵活的线上线下互动方式，准确把握年轻人的兴趣和关注点，将博大精深的中华文明，以富有内涵且饶有趣味的形式推广传播，在年轻网民中积聚了大量人气，成为中华文明网络传播的成功实践。这一系列实践说明，博物馆的文化传播，只要认真研究网络受众的心理特征和兴趣特点，找到灵活多样的传播方式，就可以把“阳春白雪”的内容变得“喜闻乐见”。

当然了，我们也不会满足于现状，在官方微博和“微故宫”取得成功后，我们又持续应用互联网技术提供多样化的文化服务与体验，与腾讯地图携手研发，特别推出“玩转故宫”小程序，以“轻应用”玩转“大故宫”，以“新方法”连接“新公众”。

“玩转故宫”小程序将基于地图位置的场景化服务与真实世界中的故宫连接起来，以活泼的手绘全景地图生动展示故宫全貌，将真实的建筑和各项服务设施客观还原到手机地图上，全面满足观众在故宫博物院参观时的各项需求。通过基于地理数据搭建的场景化服务，根据人群和环境的变化，智能定制路线，结合小程序“即开即用，用完即走”的特性，无须复杂操作，有效创新了博物馆服务方式，全面提升了观览体验。

在“玩转故宫”小程序中，不仅可以提前获知故宫的开放须知、展览推荐等重要信息，还能够通过概况介绍、位置查找等精准地图服务全面了解故宫博物院。通过“点位搜索”功能，可对建筑、展览、餐饮、商店、出入口等参观点和服务设施进行路线规划,以便在参观过程中快速到达想去的位置，节省出时间，更充分参观。

“玩转故宫”小程序除了特别策划的全景游、快速游、精华游等帮助观众节省时间、丰富参观体验的经典路线，更是特别推出了重要建筑“打卡”功能，可记录下自己的行走轨迹，打造属于自己的“路书”。例如，“紫禁城里找祥瑞”特色路线，通过在相应地理位置打卡，收集“瑞兽”卡片，了解关于它们的小故事，同时能够分享给好友，聊聊自己的游览经历。玩累了，

紫禁城杏花微雨

可以与“见大臣”AI 智能机器人聊聊天。来自《清代历朝起居注合集》和《清实录》以及其他文献的 670 条趣味问答，等你来聊。“大臣”们宜古宜今的幽默方式也许会为你轻松化解日常中的一些小烦恼呢。

出一个火一个的APP

故宫博物院APP——一个颜值高到没边儿的家伙。这是无数网友对我们的APP的评价。

2017年5月18日，我们的第9款APP“故宫社区”发布。“故宫社区”APP旨在通过博物馆新型数字生态社区的探索性建设，将故宫博物院丰富的文化遗产资源与现代科技手段相结合，为社会公众提供更为开放和有趣的互动体验，营造一个“故宫式”的线上生活空间。

作为“故宫出品”APP系列的第9部作品，“故宫社区”是一个全新形态的博物馆APP。它整合了包括故宫资讯、导览、建筑、藏品、展览、学术、文化创意在内的10余类故宫文化资源与服务形态，探索数字文化服务的创新模式。

在“故宫社区”APP中，用户可以建造属于自己的“房子”，建造属于自己的“故宫”，成为这里的“主人”，创造自己的线上数字生活。“故宫社区”APP设想通过逐步构建完善的用户成长体系等方式，提升用户生成内容平台的交互性和趣味性：通过发表文章、阅读或点赞他人的文章、完成任务等方式获取积分，使用积分及经验值，升级自己的“专属府邸”，作为个人内容创造的展示与交流空间，通过一个基于传统建筑元素进行再创造的线上虚拟城市，邀请用户以现代的方式，体验最具古典特色的文化生活。相信热心观众通过持续不断地参与数字“故宫社区”活动，了解越来越多的故宫文化知识。

在未来，“故宫社区”APP 还将被赋予更多创想的空间和有趣的玩法，故宫文化将在这个有机的生态系统中“活起来”，并不断被赋予更多价值。

其实，“故宫社区”APP 仅是故宫诸多 APP 中的一个缩影。人们常说，故宫的 APP 是“出一个火一个”。2018 年，故宫出品系列 APP 应用新增下载量超过 100 万，同比增长 22%。

在“故宫社区”APP 之前，故宫博物院还发布了 8 款系列 APP，受到广泛好评。有荣膺苹果商店年度最佳应用的“胤禛美人图”“韩熙载夜宴图”，有小朋友们喜欢的“皇帝的一天”“紫禁城祥瑞”，还有每天都能欣赏一件（套）故宫文物藏品的“每日故宫”，以及“故宫展览”，使观众们能够足不出户就可以身临其境般观看展览……这些 APP 可以说各具特色，且不少都载誉满满。

最早推出的“胤禛美人图”APP 获得“DFA Award”亚洲最具影响力优秀设计奖，被赞为“深入考究，制作精良”。“韩熙载夜宴图”APP 运用了大量科学技术手段，共有 100 个内容注释点、18 段专家音视频导读和 1 篇后记，并有台北“汉唐乐府”表演团体用非物质文化遗产“南音”演绎画中乐舞，从而提供给观众新鲜时尚的交互体验。

针对少年儿童开发的 APP“皇帝的一天”包含的丰富知识，无一不是经过缜密考证和深入研究。这样的学术研究成果，保证了故宫文化创意所承载和传播的文化的丰富性和前瞻性，是故宫文化的体现，更体现出中国传统文化的醇厚韵味。

“紫禁城祥瑞”APP 最早发布于 2014 年，宫廷文化与清新手绘风格的碰撞获得了广大用户的喜爱，APP 发布当月获得 6 月最佳和编辑推荐，也入选 2014 年年度精选 APP。2018 年“祥瑞”题材再次出发、全面升级，推出了“紫禁城祥瑞 PRO”。与旧版相比，“紫禁城祥瑞 PRO”具有以下突出特点：一是内容更加丰富。龙，凤，麒麟，龟，狻猊（狮子），葫芦，花（梅花、菊花、牡丹），鸡，鹊，石榴，岁朝，桃，仙鹤，象，鱼，鸳鸯等祥瑞角色组成的阵容，更为丰富强大；营造“祥瑞之岛”的概念，层层深入；展示总共 170 余件院藏文物。二是与文物互动，让文物“玩起来”。图解文物更加直观，比如有部分文物第一次放大后，文物上会出现隐藏的知识点，这比单纯的文字叙述要更直观；为文物量身定做的“玩法”，使文物更加有趣，例如一个悬心炉香薰，用户能提取“悬心”的构造，看清楚为什么它不管怎么滚，中心都能永远保持水平，类似这样的小彩蛋隐藏在 APP 各处，等待着用户自己发现。三是百科式阅读，深入感受“美”之所在。文物与文学的跨界搭配，多维度意境表现，如通过宋代《群鱼戏藻图》来表现庄子濠梁观鱼时体会到的鱼游之乐；用“国艳天然，造物偏钟赋”来表现沈奎绘制的《富贵长春图》里的姚黄、魏紫牡丹；用“既卷舒而缥缈，复聚散而轮囷”形容熏炉吐香的场景。有时古典文学的文字意境更能恰如其分地表达文物带给人们的感受。“紫禁城祥瑞 PRO”在传达普及知识的同时，希望能借文物和文字之美让用户对“美”有更深入的感受，通过这样的审美体验培养用户欣赏艺术品意境的能力。

热门 APP“每日故宫”完成 2.0 版本升级后，下载量突破 100 万。

“韩熙载夜宴图”APP 发布会（2015 年 1 月 12 日）

2016 年，在第四届文化遗产保护与数字化国际论坛上，“故宫出品系列 APP+V 故宫”荣获首届数字遗产最佳实践案例大赛最高奖——最佳实践奖。这大概正应了那句话吧：故宫出品，必属精品。

网站改版与数字展厅

故宫博物院有 186 万件藏品，每年有 3 万件左右的藏品通过展览展出。我们向参观者们提供着一道道丰盛的大餐：既有原状陈列类的展览，通过恢复建筑内部的原状来展示其历史实景；也有文物类的专题展厅，展示单一类别的文物，或是以某个主题来展示复合类别的文物。当然，我们自己心里也明白，想把这些“大餐”全部吃完，花一天的时间是不可能的，观众必须得多来、常来，而这对一些观众来说恐怕就有难度了。有没有什么方法能让他们“圆梦”呢？

为了让更多的人全方位了解故宫文化遗产资源，除了微博、微信，以及故宫出品系列 APP 外，我们还对故宫的网站进行了改版升级：把英文网站做得更强大，把青少年网站做得更加活泼。除此之外，我们举办网上展览和数字展厅，让人们通过别开生面的方式欣赏故宫的展览。

故宫官方网站 2017 年实现了一次升级改版。扁平化的页面设计融合了传统与时尚，以故宫特有的红墙、黄瓦、朱门、铜钉为基础色彩，以传统纹饰点缀，为页面增添了古典艺术气息，形成特有的“故宫美”。在内容架构上进行了优化，分为导览、展览、教育、探索、学术、文创等板块，使观众查找信息更加方便快捷。

端门数字展馆、《清明上河图 3.0》是比较有代表性的数字展馆。二者都属于在传统建筑中建设的全新数字形式展厅，让人们来到故宫能欣赏到更为新颖和全面深入的展览。

端门数字展馆位于天安门北侧、午门南侧的端门。端门过去也是非常重要的皇家建筑，与紫禁城、太庙、社稷坛等建筑群一道，属于“完整故宫”的范畴。在我们将午门作为唯一的入口之后，对很多观众来说，端门是观众参观故宫博物院的第一站，也是故宫博物院给观众递上的第一张名片。

端门数字展馆是在传统建筑中建设的全新数字形式展厅，与实体形式的展厅既有区别又密切联系，它以“数字建筑”“数字文物”的形式，充分突出信息时代的技术优势，把院藏珍贵文物中较为脆弱，难以展出的文物，或实物展览中难以表达的内容以数字形态呈现给观众，以新媒体互动手段满足传统文化的传播需求，同时又保障了文物安全，更可以激发观众对实体文物的兴趣。

展厅内，“数字沙盘”基于高精度全景建筑三维模型，通过沙盘动态演示和交互控制，以形象直观的“数字立体地图”进行数字导览。“虚拟现实剧场”以高度沉浸感和可互动的模式，帮助观众在视听效果的震撼中，感受紫禁城以及传统文化的魅力。2015 年，为迎接故宫博物院建院 90 周年，我们举办了第一期数字大展，其主题为“故宫是座博物馆”，其中包含“从紫禁城到故宫博物院”“紫禁集萃·故宫藏珍”“紫禁城·天子的宫殿”三大区域，通过完整的参观流线，从故宫博物院历史、馆藏、建筑三个方面向观

数字多宝阁

数字养心殿

众简明扼要地介绍“故宫是什么”“故宫有什么”“来故宫看什么”。开放后反响还是相当不错的。虽然数字博物馆内没有任何一件实体文物藏品，但却通过数字技术形象地再现了故宫博物院的文化遗产资源。

2017年10月10日，端门数字馆第二期主题数字体验展“发现·养心殿——主题数字体验展”正式对观众开放。这一期数字展继续秉持“互联网+”的创新理念，该展依托于养心殿专题研究的学术成果，又借助虚拟现实（VR）、人工智能（AI）、人机交互等科学技术，弥补了因养心殿正在进行研究性修复保护而暂时无法接待观众参观的遗憾。观众在这里可以体验到古代工匠在屋檩或花瓶上细细勾勒出的一笔，又可体验与朝中重臣共商国是，度过“政务—文化—起居”活动在内的浓缩版的“养心殿里的一天”。同时，“发现·养心殿——主题数字体验展”还结合故宫博物院研究资源、观众偏好和技术优势，特别是多年积累的数字化成果，设计成线上、线下相结合的形式。

“发现·养心殿——主题数字体验展”分为“引言”“互动”“体验”“回顾”4个部分。“引言”通过数字沙盘的高清视频片，使观众对养心殿历史、结构、功能等产生宏观了解。“互动”包括6个体验项目：“召见大臣”模拟在养心殿明间召见大臣、引见官员的工作场景，观众可通过手机与“大臣”进行实时问答；“朱批奏折”模拟在养心殿内批阅奏折的过程，观众“批阅奏折”的同时，可以解锁当年朱批原件；“鉴藏珍玩”精选了90件置于数字多宝阁中，其中对49件藏品配以深度互动环节；“走进三希堂”展示三希堂原状陈列，观众可选择多宝阁高层的藏品摆入三希堂中，也可“拿起”三希堂内陈设藏品进行欣赏；“亲制御膳”可以通过动手制作，了解御膳的制作过程和配套餐具；“穿搭清装”为搭配清代宫廷服饰，也可“试穿”。在“体验区”，观众可以戴上VR眼镜，走进虚拟的养心殿正殿和后寝殿，进行高沉浸感的视觉体验，身临其境感受养心殿。“回顾区”是在虚拟现实剧场中，观看养心殿影片，跟随导览员的介绍，可以看到养心殿建筑很多难得一见的细节，例如养心殿屋顶内的结构。

“发现·养心殿——主题数字体验展”通过多种手段请观众走进养心殿，对话历史，体验历史，回望历史。虚拟现实遇上真实故宫，传统文化与新科技元素碰撞和融合，擦出了精彩闪耀的火花。“发现·养心殿——主题数字体验展”最终获得 2018 国际文化遗产视听与多媒体艺术节金奖、第二届国际数字遗产案例竞赛技术创新奖。

2018 年，来到故宫博物院箭亭北侧的观众都一定注意到了，我们在这里搭了一个临时的“大棚”。实际上，这是我们与凤凰卫视共同带给大家的《清明上河图 3.0》高科技艺术互动展。

2017 年，故宫博物院展出了《千里江山图》。在原作之外，由凤凰卫视制作的 3D 画卷作为主展厅衬托背景，受到大量观众的喜爱。由此，故宫博物院和凤凰卫视选了故宫博物院藏品中非常传奇的一幅长卷——北宋张择端版本的《清明上河图》进行研发。这件作品是最为人熟知的国宝之一，有着不可替代的地位，也是世界上认知度最高的中国古代画作。这幅长卷宏伟而又细腻地描摹宋代城市社会风貌，可谓独一无二。大到广阔郊野、潺潺河流、船只、桥梁、商店和风景，小至船上的铆钉、货郎的商品、广告牌上的文字，尽收画中。接连的茶楼，遍布城间的酒馆、餐厅，繁忙的汴河，不断外出游春和在城内奔波的人群，满载货物的外国骆驼商队，诠释了“太平日久，人物繁阜”的景象。公元 960 年前后，北宋人均 GDP 超出欧洲约 30%，都城汴京人口超百万，是当时世界上人口最多的城市，经济，科技与文化的发展，都领先于世，而那一时期中华民族的智慧也浓缩反映在《清明上河图》的画卷中，是北宋繁华城市社会生活的缩影。

面对《清明上河图》这样一幅艺术价值与学术价值都极高的画作文物，如何处理原作与科技、艺术之间的关系，对研发团队提出了很高的要求。这是国内首次通过文化、艺术与科技融合的方式，对国宝级画作进行再研发创制，十分具有挑战性。围绕这件国宝级文物，故宫博物院研究室、资料信息部，故宫出版社与凤凰卫视领客文化、凤凰数字科技的专业人员，全程投入到研发创制过程中，同时聚集中国最顶尖的艺术家、文化大家和高科技开发团队，组成专项小组，保证展演呈现出《清明上河图》独特的历史文化价值。

故宫博物院研究室作为学术总指导，全程参与了项目的研发过程。故宫研究馆员、国家文物鉴定委员会委员王连起先生多次与小组成员一起推敲展演形式，对项目内容一一批改修订，保证了展演在学术上的准确性，使展演能为观众呈现出原画之中蕴藏的内涵和神韵。故宫博物院资料信息部也运用近年来将故宫藏品数字化、信息化的丰富经验，帮助专项小组实现高科技与艺术的结合。

经过一年半的反复推敲，《清明上河图 3.0》通过挖掘原作的艺术神韵、文化内涵与历史风貌，融合 8K 超高清数字互动技术、4D 动感影像等多种高科技互动艺术，构筑出真人与虚拟交织、人在画中的沉浸体验。

展馆约 1600 平方米，共有《清明上河图》巨幅互动长卷、孙羊店沉浸剧场、虹桥球幕影院三个展厅，以及一个北宋人文空间，从各种维度最大化地营造观展的沉浸感和互动性，独创性地呈现了北宋的人文生活图景。观众可以在各个音乐章节的串联中，以第一人称视角体验北宋都城汴京的众生百态，成为长卷中的人物，横渡船舶如织的汴河，并在宋代的人文雅韵中唤醒文化的记忆。这些因年代久远难以直观感知的历史信息与艺术精华，在《清明上河图 3.0》的多媒体长卷展厅变得“触手可及”。

观众可以通过高清动态的长卷世界，研究舟船楼宇的精妙结构，看清人

勤政親賢
惟以一人治天下
豈爲天下奉一人
朱批奏折
MEMORIALS WITH
EMPEROR'S INSCRIPTIONS

朱批奏折

开始
START

穿搭清装

物的细微表情，感受当时汴京的先进与发达；孙羊店沉浸剧场首次将北宋的风情、光影、乐曲……在360度的全息立体空间中模拟还原，窗外有流动的街市风物、宋人茶余饭后的闲谈吟唱环绕耳畔；“漫步”于充满惊喜的春天雨巷后，观众还可以在4D动感的虹桥球幕影院“坐”上一条大船，任河水划过脚下、柳枝拂面，感受汴河的繁忙、两岸的绮丽。对外国嘉宾而言，《清明上河图3.0》展演的形式也让他们跨越语言障碍和对中国历史文化生疏的限制，直接展开沉浸体验，体会中华文明的魅力。

《清明上河图》高科技艺术互动展演让观众认识到，文物也是具有想象力和年轻活力的现实存在。我们十分期待，日后当大家谈到《清明上河图》时，不仅能想起张择端笔下的北宋风貌，也能联想到故宫博物院和凤凰卫视联手创制的高科技艺术互动展演。《清明上河图3.0》高科技艺术互动展演开幕后，确实也进一步引发大家关注故宫文化、关注文化遗产，再次刷新了社会各界对故宫博物院的认识。

数字应用多元化

数字故宫是我们的新品牌。故宫博物院整合优秀数字资源，运用多种科技手段，持续打造数字故宫品牌，不仅为前来参观的观众准备好了文化盛宴，更为不能来到故宫博物院的人们提供了接触中国传统文化、故宫文化的新途径。

经过 3 年半的努力，我们建成了“数字故宫社区”，我认为这是目前博物馆界最强大的数字信息平台，具有公众教育、文化展示、参观导览、咨询传播、休闲娱乐、社交广场、学术交流、电子商务等丰富功能，新的功能还在不断完善推出中，互动功能也将不断提升。

利用先进的数字技术，我们还研发了原创数字博物馆，深入挖掘故宫博物院藏品的文化信息，凝练成数字文化产品。通过“数字地图”，可以了解故宫 1200 栋古建筑的信息，可以浏览 1500 块故宫地毯的信息，还可以在线临摹故宫书法藏品。

VR（虚拟现实技术）在数字故宫建设过程中起到了关键作用。通过这项技术的研发利用，故宫文化资产数字化应用研究所已经完成 6 部基于剧场环境的 VR 作品：《紫禁城·天子的宫殿》《三大殿》《养心殿》《倦勤斋》《灵沼轩》《角楼》；2 个基于虚拟现实头盔设备的互动体验项目：《养心殿》《御花园》；3 个基于网页的线上互动体验项目：《养心殿》《灵沼轩》《倦勤斋》。通过不断尝试新颖的数字化实现手段和方式，向公众展示了故宫博物院古建筑、文物藏品及其背后的历史文化知识。

2018 年年底，我们“V 故宫”项目下“紫禁城 · 天子的宫殿”系列的第 7 部大型虚拟现实作品——《御花园》已经正式同大家见面。作品首次应用行业内领先的三维引擎实时渲染光影，聚焦紫禁城里的皇家花园——御花园，利用三维特效创造性呈现御花园的全貌，并充分展现御花园在一天中的不同风采。

《御花园》VR 不仅真实直观地再现了御花园的建筑样态，还结合史料研究，逼真地还原了御花园中曾经的各种植被、动物、水池、假山构成的生态系统，复原了御花园中曾经饲养的小鹿、游鱼和曾种植过的海棠树等动植物，在直观地展现御花园历史风貌的同时，营造出活泼灵动的园林空间，在虚拟现实的世界里，再现了一个生机蓬勃的皇家园林。让观众即使在寒冷的冬天里，也仿佛置身于春意盎然的御花园。在此次创新作品中，首次引入了大屏与小屏协同的互动观看方式，为观众揭示了更丰富的隐藏知识，提供了更加个性化的深度体验。

除此之外，我们还在 2019 年年初非常火热的“宫里过大年”展中用到了数字沉浸技术。“宫里过大年”数字沉浸体验展位于乾清宫东庑，围绕紫禁城传承丰厚的年节文化，以数字技术、虚拟影像、动作捕捉等科技手段进行创新形式落地，辅以互动体验区及文化创意产品矩阵，呈现多端

走进三希堂

端门数字馆开馆特别活动（2015年12月18日）

口展开平台。展览分为“冰嬉乐园”“门神佑福”“花开岁朝”“戏幕画阁”“赏灯观焰”“纳福迎祥”六个部分，依托“贺岁迎祥——紫禁城里过大年”展览，切实落地丰富的互动展现形式，运用科技手段，呈现传统文化语境下的视觉互动表现力。存在于书画、器物中的祥瑞与期许，将一一苏醒于观众的沉浸体验中，带来“故宫过大年”的全息视境创新体验。

长期以来，我们只把走进博物馆的人们视为观众，而今天“超级连接的博物馆”，通过互联网技术，数字技术，可以使更多没有机会走进博物馆的人们，也成为博物馆的忠实“新公众”，享受博物馆文化。故宫博物院将会与时俱进，不断地根据人们接收信息的习惯和年轻人的文化需求进行文化创意研发，计划在2020年建成“智慧故宫”。如此，我们博物馆的服务对象将从“千万观众”，扩大为“亿万观众”。

柒 走出故宫：传播文化的使者

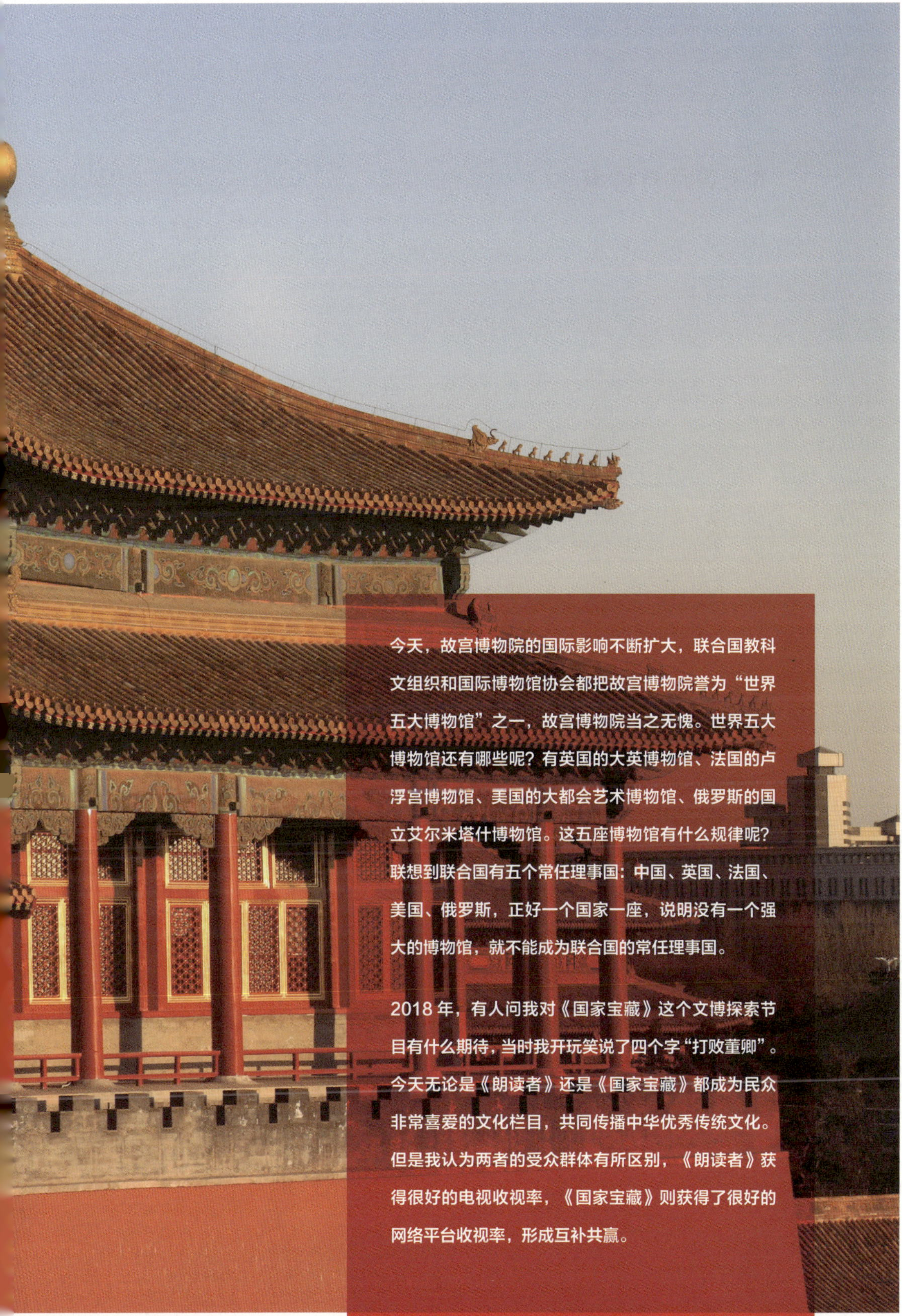

今天，故宫博物院的国际影响不断扩大，联合国教科文组织和国际博物馆协会都把故宫博物院誉为“世界五大博物馆”之一，故宫博物院当之无愧。世界五大博物馆还有哪些呢？有英国的大英博物馆、法国的卢浮宫博物馆、美国的大都会艺术博物馆、俄罗斯的国立艾尔米塔什博物馆。这五座博物馆有什么规律呢？联想到联合国有五个常任理事国：中国、英国、法国、美国、俄罗斯，正好一个国家一座，说明没有一个强大的博物馆，就不能成为联合国的常任理事国。

2018 年，有人问我对《国家宝藏》这个文博探索节目有什么期待，当时我开玩笑说了四个字“打败董卿”。今天无论是《朗读者》还是《国家宝藏》都成为民众非常喜爱的文化栏目，共同传播中华优秀传统文化。但是我认为两者的受众群体有所区别，《朗读者》获得很好的电视收视率，《国家宝藏》则获得了很好的网络平台收视率，形成互补共赢。

飞入寻常百姓家

除了前去故宫博物院看展览外，还有没有其他的同样好的方式，能够让人们了解故宫、了解中华文化？答案是：有的。近年来，故宫博物院通过一部部电视片、纪录片，变得更“平易近人”，真正地“飞入”了寻常百姓家。

2017年年末，中央电视台播出的一档《国家宝藏》节目火遍了大江南北。节目里，文物“活起来了”，博物馆也“亲近”民众了。我们的故宫、我们的文物、我们的中华文化也被这档节目给带火了。

其实早在2017年年初《国家宝藏》节目组第一次来到故宫博物院时，总制片人于蕾女士就向我讲述了这档栏目的构想。起初我很好奇，因为这个节目的创意和思路，是国内以往所有节目都不曾探索过的。正是出于这种好奇，大家的激情也被激发出来，以故宫博物院为首的国内九家博物馆（院）联合起来，共同努力实现这一创意。

《国家宝藏》第一季正式开播后，无论是观众的热情还是播出后的轰动效果都超出了我的想象。故宫博物院、上海博物馆、南京博物院、湖南省博物馆、河南博物院、陕西历史博物馆、湖北省博物馆、浙江省博物馆、辽宁省博物馆这九家国家级重点博物馆（院）等悉数到位，共拿出27件文物珍品，数十位明星应邀助阵，大家努力将传统文化与当代文化结合起来，努力实现传统文化的现代性转化，并很好地演绎了这些文物的前世今生。

在节目播出的两个多月里，“博物馆热”从电视荧屏扩展至网络，又延伸至线下。节目很快创下8亿人次的收视佳绩。《国家宝藏》的内容在“B站”上节目播放量破2000万并被大量转发，在微博上相关的节目秒拍视频播放量近4亿，在豆瓣上取得了9.5分的超高评价。节目播出后，九家国家级博物馆（院）参观量平均增加50%。2018年春节与2017年同期相比，参观博物馆的人数增加了13%。而自2017年12月初《国家宝藏》节目开播以来，通过“博物馆”搜索国内旅游产品的数据上升了50%。“寻宝之旅”成为家长安排亲子游、游学游的首选，银发族们更对博物馆文化旅游极为热衷。

曾经有人问我对《国家宝藏》有什么期待，当时我开玩笑说了四个字“打败董卿”。今天无论是《朗读者》还是《国家宝藏》都成为民众非常喜爱的文化栏目，共同传播中华优秀传统文化。但是我认为两者的受众群体有所区别，《朗读者》获得很好的电视收视率，《国家宝藏》则获得了很好的网络平台收视率，达到互补共赢。可以说，《国家宝藏》节目取得轰动效应的背后，是国内顶级文化机构的强强联合。博物馆与电视两大行业合作，就是希望能够用人们喜闻乐见的方式展示和解读传统文化，与观众的期望互动，让沉睡的文物苏醒，让文化说话、让历史说话、让文物说话，满足广大民众文化需求。就像每一期节目开场时说的：让国宝“活起来”，《国家宝藏》真的做到了！

录制中央电视台“朗读者”节目（2017 年 2 月 26 日）

参加《国家宝藏－故宫博物院》录制（2017 年 11 月 1 日）

最初，我对《国家宝藏》主创团队说，“这个节目至少做五季”。他们一边笑，一边流露出不相信的神情。走到今天，当我再对主创团队说，“这个节目至少做五季”，他们可能也不相信，他们一定在想，难道只做五季吗？2018 年 10 月，《国家宝藏》第二季启动录制。回想一年前，故宫博物院决定与《国家宝藏》栏目合作时，应邀的八家博物馆（院）中，很多博物馆都特地打来电话询问：故宫博物院真要参加综艺节目吗？你们参加了我们才参加。到了《国家宝藏》第二季筹备阶段，应邀的八家博物馆没有一家再给故宫博物院打电话了，我们感到有些失落。反倒有不少没有被邀请的博物馆打来电话，追问什么时候能够上《国家宝藏》。

《国家宝藏》节目是一场文化盛事。第一季展示的 27 件文物背后是绵延传承的中国优秀传统文化和精神。我总说文物是有尊严的，如何让文物在外貌、收藏、展览这些物理空间上获得尊严，是我们“看门人”和“守护人”的分内事；但如何让他们在历史、文化、精神上获得尊严，就需要我们大家共同努力。通过努力，让大家打开电视，了解文物背后的中国温度，让更多父母和孩子理解中华文化的精神本源，使更多人走进博物馆，亲身感受上下五千年的中国温度。

除了《国家宝藏》，我们还有几部“收视率”颇高的片子，引发了大家的关注。比如 2018 年我们与北京电视台合作，共同出品了一部大型文化季播节目《上新了 · 故宫》。这是一档文化真人秀节目，文化创意新品开发员和特邀嘉宾跟随故宫文物专家走进紫禁城，寻找故宫博物院的珍贵宝藏，探索其历史秘密，破解其文化密码。节目不仅展现了故宫博物院强大的文化生命力，更做到了联手知名设计师和高校设计专业学生“大开脑洞”，以年轻视角和文化创意载体，融合充满创意的好奇心与想象力，挖掘每个人心目中的“故宫”，让年轻力量赋予故宫新生的文化活力。每期节目都诞生了一系列引领热潮的文化创意衍生品，打通受众与故宫文化双向互动的新联结，让故宫文化被更多年轻人“带回家”。

实际上，《上新了 · 故宫》算得上是另一部纪录片的“阶段性版本”，这部纪录片就是《紫禁城》。

《紫禁城》是为纪念紫禁城建成600周年、故宫博物院建院95周年而推出的大型纪录片，计划将于2020年9月上线。这部大型纪录片助力故宫文化传承，重申时代创新的使命感，深入探寻昔日皇宫隐秘角落，全面呈现海量珍贵文物文献，展现600年故宫的厚重历史与勃勃生机，让更多的人通过影视这个纽带认识紫禁城这件最大规模的文物，呈现它积累了六个世纪的厚重历史与文化。要知道，紫禁城是一个整体，体现着中国人的宇宙观，哲学观和艺术观，只有从整体上阐释，才能更深入、全面地了解它。这部纪录片也为人们认识紫禁城的某个局部提供了坐标体系。否则，人们对紫禁城的认识将是零散的、不成系统的。这些年也有一些电视剧或者纪录片，关注着紫禁城的一些宫殿、庭院，让许多年轻观众来到故宫，走进剧中人物所居的这些宫殿一探究竟。但一鳞半爪终究不如全须全尾来得神采飞扬，我们也在期待这部大型纪录片早日问世。

两个节目，两种形态，两种气质，呈现的却是同一座紫禁城。由此可见，紫禁城这个传统主题，有着取之不尽的文化资源，可以提供各种全新的表述空间。除了这两个系列的影视作品，今后故宫博物院还将进一步探索以歌剧、话剧、电影、电视剧等多种艺术形式来表现紫禁城，全方位、立体化地呈现紫禁城的文化魅力，阐明故宫文化、中华文化的与时俱进，展现故宫博物院包含厚重文化历史底蕴的同时，更体现不断蓬勃生长的时代力量。

这里还要特别提到我们故宫的话剧社“海棠社”和我们故宫的话剧《海棠依旧》。故宫博物院“海棠社”的成立，源于2012年年底至2013年年初年轻的“故宫人”自编自演的话剧《海棠依旧》。该剧以1933—1948年，在故宫博物院古物南迁、西迁等过程中，“故宫人”守护国宝的真实故事为主线，表现了老一辈“故宫人”对国宝典守珍护的情怀。2013年，话剧《海棠依旧》在故宫博物院内上演5场，好评如潮。2015年10月，为迎接故宫博物院成立90周年院庆，该剧在故宫宝蕴楼前实景演出。此后话剧《海棠依旧》在南京博物院，在厦门鼓浪屿音乐厅上演。2017年9月，该剧登上北京保利剧院的舞台，采用公益演出的形式，与更多观众分享这段鲜为人知的故宫博物院院史。

今天，我们欣喜地看到，博物馆文化已经成为大众文化的一部分。过去人们到故宫博物院参观，80%的观众都会沿着中轴线一直往前面走，只看景观不看展览，而今天这个比例倒过来了，80%的观众都会参观展览，无论是午门雁翅楼展厅，还是神武门展厅，每天都接待上万名观众，甚至两三万名观众。故宫博物院内同时展出的几十个展览，都有来自各地的观众踊跃参观。经过不懈努力，终于实现了“故宫”走向“故宫博物院”的愿望。

对于博物馆来说，最终吸引并传达给观众的，一定是珍贵文物藏品背后的故事，是有关文物的故事中蕴含的动人情怀，是整个中华民族的精神财富。要让观众意识到，原来这些文物都活在自己身边，各种不同的人与它们发生着关联，有很多人在用他们的工作、他们的业余爱好、他们的人生，甚至他们的生命、他们的祖祖辈辈来守护着这些文物，来研究着它们、发掘着它们。有很多人毕生的努力就是为了把这些文物捐赠给博物馆，让更多的人看见它们，进而让更多的人知道我们民族留下了什么。

走遍中国

除了各种渠道、各种方式的"云展览"外，在实物展览、实地展览方面，近年来故宫博物院也在努力做到施展多套组合拳，用多种方式使故宫文化"飞入"寻常百姓家。

大家都有这样的感受：每逢节假日，无论是"五一"、中秋等"小长假"，还是春节、"十一黄金周"，再加上整个暑期，故宫都是"人满为患"。在媒体报道中经常看到，故宫在全国最易拥堵的景区中基本上稳居前三。可这也没办法，因为宏伟的紫禁城就在北京，大家想来看，就只能来北京。紫禁城建筑是不可移动文物，肯定移不走、挪不动，但是故宫博物院里收藏的186万件（套）可移动文物，是能够动一动的。为了让全国人民都能更直观地看到故宫、体验故宫，故宫博物院这几年向国内各地区推出了数量相当庞大、种类相当繁多的展览。

比如2014年，我们曾在厦门市博物馆举办了"故宫珍藏——慈禧的瓷器展"，在首都博物馆举办了"长宜茀禄——乾隆的秘密花园展"，在深圳博物馆举办了"玉石梵像——故宫藏曲阳出土北朝隋唐佛教造像展"。2015年，我们在河北博物院举办了"故宫博物院藏99如意展"，在山东省博物馆举办了"皇帝眼中的西洋科技展"。2016年，我们在首都博物馆举办了"走进养心殿展"，在沈阳故宫举办了"曾在盛京——沈阳故宫南迁文物特展"。2017年，我们又在南京博物院举办了"走进养心殿——大清的家国天下展"，在杭州市公望美术馆举办了“君圣臣贤——乾隆与董家父子书画作品特展”。2018年，我们与太原市博物馆合作举办了“紫禁风华——2018太原·故宫文物展”，在湘潭市博物馆参加了“故里山花此时开——齐白石作品回乡展”，在山东博物馆举办了“中正仁和——走进养心殿展”。这些展览都得到了各地方政府、博物馆的大力支持，同时也取得了相当不错的反响。故宫文化就这样走进了千家万户。

可以看到，在这诸多走向各地的临时展览中，有好几个都与“养心殿”有关，也可以说我们是在好几家博物馆举办了“养心殿巡回展”。众所周知，作为故宫古建筑整体维修保护工程的重要组成部分，养心殿区域于2016年起进行全封闭维修保护。故宫博物院为此制定了为期五年的养心殿维修保护计划，作为“研究性保护”项目，全面展开养心殿区域的相关学术研究，最大限度地保护养心殿的历史信息，不改变古建筑和文物原状，实现原状陈列和专题展览有机结合，提升养心殿区域展览效果。同时，在养心殿维修保护期间，将养心殿内的文物组成主题鲜明的展览，形成临时展览项目，到各地博物馆进行展览，使养心殿内的文物第一次“走出紫禁城”，使更多的观众都能深入了解养心殿背后的历史知识，并有机会欣赏到养心殿的精品文物。

应该说，这种办展的方式既弥补了养心殿研究性保护项目实施期间公众无法进入养心殿区域现场参观的缺憾，也为公众了解养心殿价值、保护管理工作内容提供了契机，同时可以促进社会公众对于文化遗产的关注与兴趣。当然，这样的办展模式，也让我们尝到了甜头。在今后，这种思路和模式可以继续沿用。

近年来，为推动故宫文化传播，故宫博物院注重强强联合，寻求多元合作伙伴。我们在将自己丰富多彩的展览推向全国各地的同时，也在部分省区市“扎下了根”。这其中就包括由故宫博物院与厦门市合建的故宫鼓浪屿外国文物馆。

2014 年，故宫博物院与厦门市政府正式启动在鼓浪屿的共建项目。经过两年多的紧密筹备，故宫鼓浪屿外国文物馆于 2017 年 5 月 13 日落成开馆。故宫鼓浪屿外国文物馆选址在厦门市鼓浪屿“救世医院及护士学校旧址”，占地面积 11 000 平方米，建筑面积 5180 平方米。这是故宫博物院首次在地方设立主题分馆。

为什么要设立“外国文物馆”呢？中国是文明古国，在历史上没有劫掠、偷盗过其他国家的文物。同时，受历史经济条件所限，中国的博物馆往往不能大量征集其他国家的文物。因此长期以来，中国的博物馆中收藏和陈列展示的主要是本国的文物藏品，很少收藏和长期展示来自世界各地的外国文物。在这方面故宫博物院是个例外，紫禁城作为明清两朝的皇宫，常常接待外国使团，并有西洋工匠艺人服务于宫廷，因此拥有大量具有异国风情的工艺品及日用珍品。这些外国文物如今收藏于故宫博物院，成为当时中外交流的见证。

鼓浪屿历来享有“万国建筑博览会”之美誉，其异域风格的建筑遗迹体现了中国近代与世界融合的人文环境。在鼓浪屿设立“外国文物馆”，让人们领略世界文化，了解中外交流历史，也是故宫博物院助力“一带一路”建设的一件盛事。

2017 年，开馆首展“故宫鼓浪屿外国文物馆展览”共展出藏品 219 件（套）。

在故宫鼓浪屿外国文物馆接受中央电视台“面对面”节目专访（2017 年 5 月 13 日）

故宫鼓浪屿外国文物馆开馆仪式（2017 年 5 月 13 日）

展品涵盖漆器、陶器、瓷器、玻璃器、珐琅器、金属器、织物、绘画、书籍、雕塑、家具、钟表、科技仪器等多种类别，分别来自英国、法国、德国、瑞士、俄罗斯、意大利、奥地利、美国、保加利亚、日本、朝鲜等国家和地区。这些文物来源主要是清宫旧藏，也有部分为民间征集或个人捐赠。时代跨越从16世纪至20世纪初，而以18世纪、19世纪的文物居多。

此次展出中的一件风琴，是故宫博物院现存管风琴中保存最完整的一件，此前从未展出过。之所以选中它，也是因为鼓浪屿素有“音乐之岛”的美誉。风琴造型优美，内部结构十分完整，其正面装饰描金花卉纹，色彩绚丽，醒目位置的文字显示风琴是由位于巴黎DAUMESNIL大街166号的LIMONAIRE兄弟公司制作。据说，用摇把上弦后，由机械带动，气体密闭在风箱中，风箱上树立的木哨、金属哨管、喇叭，在气流冲击下，这些乐器能发出声响，可演奏9首乐曲。而柱子上站立的一男一女，同时联动，手持小锤敲击铃铛演奏。

除了来自欧洲等地的文物，故宫鼓浪屿外国文物馆首次展出了来自邻国日本的七宝烧瓶。日本七宝烧与中国景泰蓝一脉相承、相得益彰，拥有着传承百年的历史沿革。追根溯源，景泰蓝或是七宝烧都拥有一个共同的名字——珐琅。这次从故宫博物院启运来的有数件精美的七宝烧，例如米色地疏竹鸡雏纹七宝烧瓶，烧制于19世纪末日本，铜胎、平底，通体灰色珐琅地，上绘稀疏竹图和母鸡照看雏鸡的场景，生动自然，简约大方。而另一件蓝地花卉纹七宝烧撇口瓶，通体以蓝色画珐琅为地，上绘各色花卉纹。

西洋钟表展品中，有一件轮船式风雨表。这件工业模型钟表能显示温度和湿度，属于19世纪末法国最为流行的钟表造型，是瑞士乌利文贸易公司在中国经销的法国生产的钟表。钟表造型为轮船，船身置身于大理石座上，甲板上立有两个圆筒，前面圆筒上嵌单套两针钟表，后面上嵌风雨寒暑表。

香港科学馆“西洋奇器—清宫科技展”开幕式（2015年6月25日）

两筒之间的烟筒侧面嵌温度计，顶部放置一个指南针。更为别致的是，开动后，圆筒按顺时针方向转动，船尾的驱动轮也能旋转。

除了在厦门设立故宫鼓浪屿外国文物馆，故宫博物院还在香港西九龙建立了“香港故宫文化博物馆”。近年来，故宫博物院与香港文化、教育机构的交流愈加密切。例如2013年7月至10月，赴香港历史博物馆举办了《国采朝章——清代宫廷服饰》展览；2014年6月至9月，参加香港文化博物馆的“卓椅非凡：穿梭时空看世界”展览；2015年6月至9月，赴香港科技馆举办了“西洋奇器——清宫科技展”；2016年11月，赴香港文化博物馆的“宫囍——清帝大婚庆典”展开幕，持续到2017年2月；2017年，在香港特别行政区成立20周年之际，“八代帝居——故宫养心殿文物展”“万寿载德——清宫帝后诞辰庆典”展在香港展出，吸引数十万香港市民和游客参观，说明香港公众对中华传统文化拥有浓厚兴趣。

在故宫博物院与香港博物馆界长期密切合作的基础上，故宫博物院与香港特区政府双方都希望利用彼此的优势，在展览、研究及教育领域上进一步加强合作。2015 年 9 月，我与当时的香港特区政府政务司司长林郑月娥在北京的会面讨论中，探讨了在香港兴建一所永久性展示故宫文化和中华文化的博物馆的可行性。随后双方就此项目进行了可行性研究。

2017 年 6 月 29 日，习近平主席在香港西九文化区出席《兴建香港故宫文化博物馆合作协议》签署仪式，标志着这一重要项目正式启动。西九文化区是香港有史以来最大规模的文化投资。合作协议签署后，香港故宫文化博物馆的详细设计开始进行，并在 2018 年展开建造工程，计划于 2022 年竣工。

根据《兴建香港故宫文化博物馆合作协议》议定，故宫博物院在香港故宫文化博物馆展览的文物，将分为长期展出的常设展览和临时展出的特别展览，常设展览的展期一般为一年，根据展览需要以及国家规定，可申请适当延期。常设展览展出的故宫博物院文物藏品将不少于 600 件（套）。赴香港故宫文化博物馆展出的展品都将经过文物修护和保养，以健康的状态向香港市民展示。如在展出过程中需要养护，故宫博物院将从故宫文物医院选派“医生”赴港修复。

另外，故宫博物院还会制作有关藏品细节和文化内涵的 APP，让香港市民可以通过手机到展厅里参观。还会立足香港特色及展览内容，专门设计一系列文化创意产品，这样人们看完展览以后，还能把“故宫文化带回家”。同时，建成后的香港故宫文化博物馆将充分利用高科技方式，向社会公众呈现一个立体的博物馆文化。还将不断拓展香港故宫文化博物馆的功能，包括开展面对青少年的故宫知识讲堂、面对公众的故宫文化讲坛，以及提供新出版的故宫文化图书和新研发的故宫文化创意产品等，通过公众教育、文化展示、参观导览、咨询传播、休闲娱乐、电子商务等各种形式，使博物馆成为一个综合的，多样性的文化场所，一个独具中华传统文化特色的故宫文化综合展示空间。

近年来，中国博物馆数量逐年递增，但是能引发观展热潮的还是少数博物馆，一些博物馆门庭冷清、人气不佳。优质博物馆和高质量展览集中于某些城市，文化供给上东西部之间、城乡之间还存有不平衡。博物馆之间加强合作能实现资源共享、优势互补、人员交流等诸多效果，共同集中力量服务于中国博物馆事业的健康发展。

故宫博物院一直都在利用丰富的文物藏品优势，向国内其他博物馆输送展览，出借展品。我们不仅向外省、自治区、直辖市“送展览”“建展馆”，还向他们“送经验”。我们与各地博物馆，文化遗产保护单位等分享古建筑保护、文物修复、藏品展陈、数字化展示、文物和博物馆宣传、人才培养、文化创意产品研发等方面的经验。例如，在文化创意方面，建立故宫博物院驻安徽黄山市徽派传统手工艺工作站，推动徽州传统手工艺的传承与创新，提升徽州传统手工艺品牌。又如，2018 年 3 月，故宫文化创意研发交流中心落户山西平遥，双方将合力把平遥建设成为全国文化创意产业的“新高地”。

香港特区政府行政长官林郑月娥看望“故宫青年实习计划”港粤学生（2017 年 8 月 6 日）

香港凤凰卫视采访“万寿载德——清宫帝后诞辰庆典”展览（2017 年 6 月 30 日）

强大的博物馆是联合国安理会常任理事国的“标配”

今天，故宫博物院的国际影响不断扩大，联合国教科文组织和国际博物馆协会都把故宫博物院誉为“世界五大博物馆”之一，故宫博物院当之无愧。世界五大博物馆还有哪些呢？有英国的大英博物馆、法国的卢浮宫博物馆、美国的大都会艺术博物馆、俄罗斯的艾尔米塔什博物馆。这五座博物馆有什么规律呢？联想到联合国有五个常任理事国：中国、英国、法国、美国、俄罗斯，正好一个国家一座。我开玩笑说，没有一个强大的博物馆，就不能成为联合国的常任理事国。

作为一个世界级博物馆，就应该不断将丰富多彩的展览推向世界各地，也不断将世界各国博物馆的优秀展览引入故宫博物院。

从“中华人民共和国出土文物展览”开始，到改革开放40年来，故宫博物院共组织实施了200余项重大文物对外展览交流项目，其足迹遍布五大洲30多个国家，观众人数超过1亿人次。故宫博物院文物展览每到一处，均会引起文化轰动，成为当地的文化时尚。其中包括：2012年1月赴日本举办的“国宝观澜——故宫博物院文物精华展”、2012年3月赴墨西哥举办的“天堂之石——玉石文明展”、2012年10月赴德国举办的“金昭玉粹：清代宫廷生活艺术展”、2013年10月赴英国举办的“中国古代绘画名品展”、2014年3月赴加拿大举办的“紫垣撷珍——明清宫廷生活文物展”、2014年10月赴美国举办的“紫禁城——北京故宫博物院皇家珍品展”、2015年

3 月赴澳大利亚举办的“盛世乾隆展”、2016 年 9 月赴智利举办的“盛世繁华——紫禁城清代宫廷艺术展”、2017 年 4 月赴芬兰举办的“永膺福庆——清代宫廷的辉煌展”、2017 年 7 月赴摩洛哥举办的“继文绳武——清代帝王的家国天下展”、2018 年 9 月赴希腊举办的“重文德之光华——重华宫原状文物展”等。

与此同时，我们也同世界多个国家和地区开展合作，将他们的展览引入到故宫博物院。让国人足不出户就能欣赏到世界各地的文明。特别是午门雁翅楼大型展厅落成后，为来自国外博物馆的展览提供了更优质的展出环境。

例如2016年，故宫博物院与印度国家博物馆精心策划了“梵天东土·并蒂莲华：公元 400–700 年印度与中国雕塑艺术大展”，来自印度 9 个博物馆和中国 17 个博物馆的雕塑文物在午门雁翅楼展厅面世。这是我国首次将中印古代同时期雕塑艺术对比展示，是中印两国文化交流的重要部分。展览在故宫博物院闭幕后，还在丝绸之路和海上丝绸之路沿线的福建、浙江和四川等地博物馆展出，进一步弘扬与传播中印两国文化。

再如 2017 年，故宫博物院引进“浴火重光——来自阿富汗国家博物馆的宝藏”展，以四个考古学意义上的发现地点为主线，通过阿富汗文物工作者保护下来的 231 件巴克特里亚宝藏向观众展示了公元前 3 世纪到公元 1 世纪的阿富汗历史风貌，它们更是丝绸之路早期岁月的时代见证。这是阿富汗首次在中国举办的文物展览，展览不仅展示了阿富汗人在曲折的历史中保护珍贵文物的历程，而且象征着阿富汗的复苏与进步，展览中丝绸之路不同时期的展品还向中国观众呈现出中阿两国友好交往的历史，展览还引发了大众对文化遗产保护等的深刻思考。2017 年起中国博物馆界开启了此项展览的中国巡回展出接力，先后在北京、敦煌、成都、郑州、深圳等地轮展。

近年来，在故宫博物院举办的来自世界各国的展览逐年增加，例如自 2017 年的“尚之以琼华——始于十八世纪的珍宝艺术展”“茜茜公主与匈

2017 年，故宫博物院引进“浴火重光——来自阿富汗国家博物馆的宝藏”展

牙利：17—19 世纪匈牙利贵族生活展”以及 2018 年的“铭心撷珍——卡塔尔阿勒萨尼收藏展”“贵胄绵绵：摩纳哥格里马尔迪王朝展（13 世纪—21 世纪）展”“爱琴遗珍——希腊安提凯希拉岛水下考古文物展”“流金溢彩——乌克兰博物馆文物及实用装饰艺术大展”等。这些展览题材广泛、内容丰富，而每一次引进展览的举办，也都会引起广泛的社会关注，不少观众纷纷慕名而来，故宫博物院成了国际文化的交流窗口。

我们还与国际上重要的文物博物馆、研究部门及政府机构建立了战略伙伴关系，签署谅解备忘录和合作框架协议等。共同在展览、文物保护与修复、研究、考古、教育、培训、数字化、文化创意产品研发等方面开展多种形式

与大英博物馆签署合作谅解备忘录（2012 年 10 月 15 日）

“太和·世界古代文明保护论坛”闭幕大会（2017 年 9 月 21 日）

的广泛合作。诸如英国大英博物馆、美国纽约大都会艺术博物馆、俄罗斯国立艾尔米塔什博物馆、俄罗斯克里姆林宫博物馆、法国卢浮宫博物馆、德国德累斯顿国家艺术收藏馆、澳大利亚维多利亚州国家美术馆、加拿大皇家安大略博物馆、日本东京国立博物馆、韩国国立中央博物馆、伊朗国家博物馆、印度国家博物馆、印尼国家博物馆等都与我们有密切的合作关系。同时，故宫博物院还通过定期举办“紫禁城论坛”“世界古代文明保护论坛”等形式，加强与各方交流合作，共享人类古代文明保护成果。

除了这些，我们每年还会有相当多的重大外事活动，外宾在前来故宫参观时，也领略到了中华文化。近年来，故宫博物院积极开展和承担具有广泛影响力的重大活动，使得越来越多国家和地区的同行、友人对故宫博物院有了更加深刻的了解和认知。自 2015 年以来，故宫博物院多次成为习近平总书记、李克强总理等党和国家领导人接待外宾、举办国际活动的重要场所。2015—2017 年，故宫博物院共接待国宾近 200 批次、3000 余人，包括法国总理瓦尔斯、德国总统高克、加拿大总理特鲁多、英国威廉王子等。

2017 年 5 月 15 日，国家主席习近平夫人彭丽媛邀请出席“一带一路”国际合作高峰论坛的外方团长配偶参观世界文化遗产——故宫博物院。来宾在太和殿前合影留念，进殿参观故宫博物院院藏“一带一路”主题精品文物展。在御花园，来宾们参观了北京地区“非物质文化遗产”项目展示区，欣赏舞蹈、古琴、太极、无伴奏少年合唱、京剧表演选粹等文艺演出节目，一同体会了历史悠久的中华文化，也体会了千百年来中国同“一带一路”沿线国家的人文交流。

特朗普参观故宫

2017年11月8日，美国总统特朗普参观了故宫博物院。

这一天，首次访华的美国总统特朗普及夫人抵达北京。飞机落地后，特朗普夫妇便乘车前往故宫，在国家主席习近平和夫人彭丽媛的陪同下，参观故宫博物院。故宫成为中美元首历史性会晤的时代见证。

历史上，故宫曾多次迎接美国总统和贵宾，在中美关系发展史上有着特殊意义。1971年7月，时任美国国家安全顾问的基辛格秘密访华，在中国停留的48小时中，有4个小时被安排参观紫禁城，这也是基辛格此次访问中唯一的一次外出活动。1972年2月，时任美国总统尼克松访华时，到访故宫。1998年，美国时任总统克林顿访华时偕家人参观故宫，并作出了“精彩绝伦”的评价。2009年11月，美国时任总统奥巴马上任后首次访问中国，来到故宫参观。美联社曾这样评论奥巴马参观故宫：“参观到访国的名胜古迹，体现了一位领导人对这个国家文化的尊重。”

此次美国特朗普总统访华，受到了“国事访问+”的高规格接待。特朗普和夫人梅拉尼娅游览故宫、参观展览、欣赏京剧，和习近平主席夫妇在宝蕴楼茶叙，一起“修文物”，场面祥和友好、气氛热烈浓重，中华传统文化成为连接太平洋两岸两个大国的虹桥和纽带。

习近平主席不但对中华传统文化的各个方面内容非常熟悉，学养深厚，应用起来得心应手，而且特别令我感动的是，习近平主席对于故宫文化、对于故宫博物院现状也是了如指掌，无论是对紫禁城的历史人物、历史事件、文化资源、文化空间，还是对故宫古建筑群、故宫文物藏品、故宫历史环境，包括故宫博物院未来发展等方面，均熟练地加以说明和阐释，一路向特朗普总统娓娓道来。特朗普听到习近平主席的讲解，不禁脱口而出："这太棒了！"——惊叹是出于对中国历史和文化的敬畏。

我注意到，有几个地点的参观活动引起了特朗普总统的极大兴趣。一是在三大殿区域，从登上太和门开始，到走进太和殿，为紫禁城建筑群的宏大气势所震撼。二是在"故宫文物医院"，感受到故宫博物院员工的敬业精神、专业技能，特别是看到一件件严重残损的文物得以"起死回生"，他十分感慨。三是在紫禁城畅音阁大戏台，极具中国传统文化的环境和精彩的中国国粹京剧演出，令特朗普总统夫妇目不暇接。

此后特朗普总统在社交媒体推特上发文称，"我谨代表夫人梅拉尼娅，感谢习主席和彭丽媛女士，让我们在北京紫禁城度过了一个难忘的下午和傍晚"；"……感谢您邀请我们访问美丽的中国，我与梅拉尼娅将永记心间"。他还将其推特主页背景照换成了中美两国元首夫妇在畅音阁前的合照。照片中，四人微笑站在中间，京剧表演者分站前后左右，场面十分温馨。可见这一活动带给特朗普的欣喜之情与深刻印象。

此次特朗普总统参观故宫，有四个方面是前所未有的：一是规格高，二是时间长，三是范围大，四是内容多。

故宫博物院之所以能够承担此次接待活动，是因为经过不懈努力，故宫博物院已经成为有尊严的、令人尊敬的、以多种方式努力展示中华文化独特魅力的文化空间。

在故宫文物医院，两国元首夫妇共同先后观赏了书画、家具、木器、陶瓷、纺织品、金属器等文物修复技艺展示，现场参与书画修复体验，并共同观看了故宫文物修复成果展。特别是钟表修复师现场展示了修复完成的铜镀金嵌料石升降塔钟、铜镀金葫芦瓶转花钟、铜镀金乡村音乐水法钟等几座钟表，并启动其音乐、表演等功能，为来宾带来精彩的视听感受。同时就正在修复的铜镀金木楼三角钟、铜镀金乐箱水法跑人双马驮钟，介绍了故宫西洋钟表修复技艺。

在织绣文物修复工作室，两国元首夫妇在一件 18 世纪的“明黄色缂丝女夹龙袍”前驻足凝视，这是一件清代乾隆皇帝最宠爱的皇后穿的礼服，主要用于重大庆典及祭祀活动，工艺精湛，技法精妙，弥足珍贵。

在书画修复室，两国元首夫妇一起体验了国家级非物质文化遗产“古字画装裱修复技艺”的一个重要部分——托画心。正所谓“三分画，七分裱”，细节决定成败，远方的客人兴致勃勃，按照要求做完之后，惊讶地连看了好几眼。

在“故宫博物院藏文物精品展”中，有乾隆皇帝为其母亲崇庆皇太后制作的金发塔、饰有中国的图腾龙纹的一套黄金编钟、清宫造办处制作的金天球仪、精致华美的金瓯永固杯、因形似天体中的星球而得名的乾隆款粉彩九桃图天球瓶、釉色独特的郎窑红釉观音尊、工艺复杂精细的剔红山水人物图长方提匣、3000 多年历史的青铜礼器亚簋方罍等各个门类的文物精品。

现场还展出了的一幅气势恢宏的绘画长卷——《丝路山水地图》。这幅

美国特朗普总统夫妇参观故宫文物医院

长卷绘制于 16 世纪后期，全长 30.12 米，宽 0.59 米。地图上绘制了从中国甘肃省的嘉峪关一直到天方城也就是今天人们所熟知的沙特阿拉伯圣城麦加的辽阔区域，涉及目前的 9 个国家，描绘了古代陆上丝绸之路沿途的地理信息，具有很高的艺术性与十分重要的历史价值。

故宫博物院每年都要承担大量外交接待任务，这些国家元首、政府首脑和各国代表团，在故宫博物院里参观，我们会介绍故宫所呈现的中华传统文化，例如红墙、黄瓦、蓝天，这是“三原色”，用这三种颜色可以描绘出世界上任何色彩。我们的世界必须是绚丽多彩的，而不能是单一色彩的，每个民族都有他们值得骄傲的历史，也都应该拥有他们向往的未来。今天，当各国领导人、外国代表团、中外观众走在故宫博物院内，看到故宫古建筑维修

与米歇尔·奥巴马在一起（2014 年 3 月 21 日）

保护得如此壮美、如此健康、如此有尊严，会感动于中国对于世界文化遗产保护所做出的积极努力和贡献。

实际上，不光是国家元首。近年来，故宫博物院也通过举办“驻华使节进故宫”等丰富多彩的文化活动，向外国人士传播中华传统文化，加强与各国驻华使馆的沟通与联系，促进故宫博物院国际交流与合作的开展。2012 年，故宫博物院首次举办“驻华使节进故宫”活动，澳大利亚、埃及、意大利，土耳其等国驻华使节及夫人在故宫博物院参观交流，感受故宫文化魅力。2013 年，“驻华使节进故宫”活动邀请了联合国各驻华系统机构的代表及官员，包括：联合国开发计划署、联合国世界粮食计划署、国际劳动组织、联合国儿童基金会、国际货币基金组织、世界卫生组织、联合国环境规划署、联合国教科文组织、联合国亚太农业工程与机械中心、联合国难民署等。

故宫博物院高度重视与驻华使馆和在京国际组织、机构间的沟通与交流。2014 年和 2015 年，“驻华使节进故宫”活动，分别为俄罗斯联邦驻华使馆专场和美国驻华使馆专场。2016 年，故宫博物院与全国人大外事委员会合作举办“驻华使节进故宫”活动，来自 15 国的驻华大使或公使来院参观。同年，与文化部外联局合作举办“驻华领事官员进故宫”活动，来自 11 国驻华使馆的领事官员来院参观。2017 年，共有 16 个驻华使馆，12 位驻华大使和 48 位驻华使节官员参观故宫博物院。

2018 年，“驻华使节进故宫”活动邀请来自西班牙、喀麦隆、萨摩亚、塔吉克斯坦、智利、牙买加等 38 个国家的大使，以及来自美国、英国、日本、韩国等约 110 位高级别外交官和家人走进紫禁城。他们在参观过程中感叹故宫的尊贵壮美，领略中华传统文化的丰富内涵，体验现代数字技术呈现的故宫博物院全新魅力。

在中国传统文化中，厅堂是一家之中最为重要的地方，是主人文化修养的集中展示。故宫之于中国，正如厅堂之于房屋，地位不言而喻。能够代表国家文明形象、展示中华文明的故宫，在中国对外交流中正发挥着“会客厅”的作用，成为中外交流的名片和桥梁。来到中国的外国政要们，走进故宫这座“国家会客厅”，可以切身了解到今日中国的文化根脉。

今天的故宫，正在成为全世界了解中国的窗口，我们希望各国朋友能够通过故宫博物院更加深入地了解中国的文化。与此同时，我们尊重并珍惜全世界各国的文化，在倡导“和而不同”、构建“人类命运共同体”的今天，故宫博物院愿作为“文化客厅”，将全世界各地的文化推广开来，更好地发挥中外文化交流平台的作用。

捌

喝咖啡、买文创：更有趣的故宫

今天我们认识到，文化产品的中间最好加上“创意”两个字。文化创意产品要有实用性，最好还要有趣味性，丰富人们的文化生活。

故宫文化创意是媒体和公众讨论和关注最多的领域，作为“萌萌哒”故宫的代表，由于广受青少年喜爱，具备网络传播的各种条件，成为最广为人知的故宫文化创意产品。

文创体验馆和文创精品店均在紫禁城城墙之外，因此不进入故宫博物院参观的社会公众，也可以体验、购买到称心如意的故宫文化创意产品。在冰窖餐厅喝咖啡，到紫禁城外买文创，故宫文化与观众更加亲近了。

了不起的故宫文创

近些年，中国博物馆的文化创意产业可以说是遍地开花。故宫博物院累计研发文化创意产品超过一万种，形成了多元化的故宫文化创意产品系列，获得相关领域奖项数十种。不少人通过故宫文创重新认识了故宫，也喜欢上了故宫博物院。

2010 年，故宫文化创意网店“故宫淘宝”开张。开始的时候，故宫文化创意产品的原创性不足，文化产品中复制的内容较多，有十几个系列，但是总体来看实用性、趣味性、互动性均不强。过去故宫商店里售卖的文化产品中，80% 以上都是从外面进货，什么好卖就进什么货，对博物馆来说这是绝对不行的，因为人们需要的是把你这座博物馆的文化带回家。后来我们调整思路，在故宫文化产品中增加创意设计，坚持把故宫文化资源真正地融入人们的生活，人们生活中希望有什么，我们就研发什么。把这些文化资源和文化创意产品对接，人们喜欢的文化创意产品就出现了。

我们研发了相当多的“爆款”产品。比如人们现在都使用手机，故宫博物院就不断推出独具特色的手机壳，供人们选择；手机需要充电器，就研发了“正大光明”的充电器；还有年轻人喜爱的 U 盘、“朝珠耳机”；有根据清朝五代皇帝使用的五把紫砂壶而研发的紫砂壶，红泥的、黄泥的、绿泥的、紫泥的、黑泥的，形成“五福五代”紫砂壶套装；有为儿童研发的拼装玩具；有为女士设计的呈现故宫特色的箱包；有从皇帝龙袍上提取海水江崖图案制作的海水江崖系列手包和名片夹；有从女性氅衣上提取凤凰梅花图案制作的方巾和各种颜色的披肩；有从《乾隆皇帝大阅图》上提取的白马图案制作的领带、水果插；还有四羊方罍造型的茶壶和水杯，平时摆在家里是一件工艺品，如果客人来了就可以沏茶；故宫太和殿的藻井非常有名，为了满足人们把藻井文化带回家的愿望，就研发了“藻井伞”；故宫的宫门也给观众深刻的印象，为了满足人们把故宫宫门文化带回家的愿望，就研发了“宫门包”；雍正皇帝的“十二美人”非常有名，就制作了“美人套装”和春夏秋冬四季“美人伞”；以唐代“五牛图”为题材的文创产品适合摆放在家里的门厅；傅熹年先生的父亲傅忠谟先生捐赠的红山文化玉器“C”形龙非常漂亮，受此启发，我们设计了香插，还研发了宫廷香；太和殿的吻兽也非常有名，我们创意为跳棋、衣服夹子等；有两个小陶俑非常活泼，我们借鉴其造型，设计成了小型牙签桶。

2017年秋季，故宫博物院在午门雁翅楼展厅举办了年度大展“千里江山——历代青绿山水画特展”。在策划“千里江山”大展的同时，故宫博物院就已经开始进行相关文化创意产品的研发。设计研发了以“千里江山”为主题的20余类、150余种文化创意产品，例如“千里江山艺术团扇”，取《千

领带

丝绸

里江山图》中景观丰富幽深之局部，以真丝花罗制成扇面，传统的宋锦作为边饰，以红木为扇柄，以紫光檀雕刻为扇架，美而不俗，曾多次出现在国宾接待场合，将中国传统文化的历史久远、典雅凝重等特色传达给国际友人。而小型“千里江山艺术团扇”更是物美价廉，售价只有 85 元，一年的时间就累计在故宫实体店和网上售出 4 万把，可以说是这一系列文化创意中最受欢迎的产品之一。此外，还有售价 258 元的中档折扇。高、中、低不同价格的文化创意产品，能够满足不同观众的文化需求。

经过六年的努力，到 2018 年年底，故宫博物院一共研发了 10 500 种文化创意产品。并采取线上、线下两个渠道进行销售推广，年销售额超过 10 亿元。通过文化创意产品，我们实际是把故宫这个文化符号所蕴含的传统文化，转换成一种更易于接受、更符合当下审美的时尚文化。

如果试图总结故宫文化创意成功的原因，我想可以归结为十六个字：“四个原则”“五个类别”“多种渠道”“三个窍门”。

故宫博物院文化创意产品研发遵循四个原则，也是实践经验总结和成功“秘诀”。这四个原则是：以社会公众需求为导向，以藏品研究成果为基础，以文化创意研发为支撑、以文化产品质量为前提。在这四个原则的指导下，

五牛图

水果叉

故宫文化创意产品才逐渐有了自身鲜明的特色和风貌。

故宫博物院一直致力于挖掘丰富的故宫文化资源，采用自主研发、合作研发和借鉴社会力量相结合的形式进行文化创意产品设计研发。同时，针对不同社会需求和受众群体，在文化创意产品的类别方面有所区分。

一是国家礼品类。故宫文化创意产品中，有不少代表国家形象的国礼级礼品。例如大凤手绣披肩，以故宫博物院藏“月白缂丝凤梅花灰鼠皮氅衣”为灵感，以寿字和大凤为主体图案，四周环绕梅花，疏梅横斜绕以象征长寿的团寿字，是中国传统经典图案。披肩材质为真丝，配以手绣工艺，风格清新秀丽，作为国礼赠送外国元首。

二是专业学习类。故宫出版社的图书也是故宫文化创意产品的重要组成部分，图书出版已经形成宫廷文化、文物艺术、明清历史三大版块。出版有故宫博物院藏品大系、故宫经典、紫禁书系等多个传播系列，对于刊发故宫学术研究的成果，配合展览展示，宣传故宫文化起到重要的作用，精美考究、内容充实的故宫图书受到广大读者的欢迎和好评。

三是品质生活系列。例如“海水江崖”系列产品：以寓意“社稷永固，江山一统”的织绣龙袍藏品中的元素设计了桌旗、餐垫、纸巾盒、糖果盒、电脑包、钱包、护照夹、名片夹、手包等多个款式的文创产品，外部采用金色海水江崖纹织锦缎，内部采用真皮或真丝衬里，是宫廷皇家气息与现代时尚产品的完美结合。

四是时尚设计系列。例如“宫门”箱包，以故宫博物院宫门为参照，提取门钉、金铺首作为设计元素，以“故宫红”为主色，采用超级纤维皮革材质制作，内设功能层，非常实用。“荷韵天福”系列陶制茶具，以故宫如意、祥云等为元素，施以粉青色釉或炭黑色釉，整体风格简洁典雅，充满现代审美与传统再设计的理念。

五是大众潮流系列。总有人说我们的产品是“萌萌哒”的文创产品。例如有大众接受度高的“宫廷娃娃”家族，一经推出就受到了青少年观众的青睐。他们是来自紫禁城的一群可爱精灵，包括“小皇帝”“小皇后”“小阿哥”“小格格”“御前侍卫”“八旗娃娃”“状元郎”等众多“宝贝”形象。产品都以“萌”为设计理念，做成摇头娃娃、车载娃娃、手机座、桌边娃娃、调料罐、存钱罐、小盆栽、创意摆件、便签夹、冰箱贴、钥匙链、首饰盒等丰富多样的文创产品。实际上“萌萌哒”的文创产品并不占故宫文创的主流。在故宫文化创意产品中“萌萌哒”系列仅占 5%。

故宫博物院在文化创意展示与传播方面，也开辟了多种渠道。

一是实体店。故宫博物院开辟多种渠道，方便社会公众购买多种风格的故宫文化创意产品。按照商品类别和观众分布，重新对全院营销网点进行规划布局，对环境和服务设施进行了升级和改造，将文化创意展示与传播纳入全院整体发展之中，为观众提供优质的服务。

2015 年 9 月，故宫博物院文化创意体验馆在故宫东长房开馆。文化创意体验馆作为故宫博物院“最后一个展厅”，集中展示和销售故宫博物院研发的各类文化创意产品。力争每一件产品都是在挖掘故宫文化资源基础上，经过创新设计推出的历史性、知识性、艺术性、趣味性、时尚性、实用性相融合的文化创意精品。目前，文化创意体验馆分为丝绸馆、服饰馆、御窑馆、影像馆、木艺馆、铜艺馆、陶艺馆和紫禁书院等 8 间各具特色的展厅，展销的文化创意产品互不相同，能够满足不同观众的多种需求。故宫文化创意体验馆在产品陈设、文化氛围、专题设计等多方面“发力”，除了集中展示和销售故宫博物院研发的各类文化创意产品，更提供一种雅致、生动、丰富的传统文化氛围，让观众能够在这里获得故宫文化的集中“体验”。

此外，在端门西朝房设立的故宫商店已经成为故宫特色文化创意产品的精品店，店内设计精巧、布置精美、主题多样、各具特色。神武门外东西两侧也经过重新设计和规划，建成了两排故宫文化长廊，展示销售故宫博物院的精品图书、文化创意产品，更好地传播故宫文化，方便来往观众。

这两处地点均在紫禁城城墙之外，因此不进入故宫博物院参观的社会公众，也可以购买到称心如意的故宫文化创意产品。在冰窖餐厅喝咖啡，来紫禁城外买文创，故宫文化与观众更加亲近了。

二是新媒体推广。除了实体店外，网络以及新媒体也是故宫文化创意展示与传播的重要渠道。在前文提到的“故宫淘宝”官方旗舰店以外，故宫微店于 2015 年 12 月正式上线，以“小清新、雅生活、高品质”为目标，主打雅致生活类产品。店面位于微故宫公众账号的“逛一逛”中。故宫微店的产品不但具有精美的设计感受，还有深厚的历史文化韵味。目前，故宫微店包含了六个主题的文化创意产品区，文化创意产品的类别涵盖了绘画、陶瓷器、文房四宝、文典、服饰等多个领域。

三是其他形式的推广。故宫文化传播的形式和内容也越来越生动、鲜活、

故宫猫与系列文创

宫门与主题箱包

多样。例如2016年6月，故宫博物院在首都机场举办“文化国门名画大观——《韩熙载夜宴图》数字艺术展”，“吴门烟雨”的仿古园林景观，加上南音古乐、梨园舞蹈、插花、茶道、香道，文人传统生活的景象在此复苏，紫禁城的生活美学在此穿越时空曼妙延伸。同时，皇家加勒比游轮搭载故宫文化创意产品，传播故宫文化。随后故宫博物院与阿里巴巴、腾讯先后进行合作，包含门票、文创、出版三大板块的“故宫博物院官方旗舰店”在阿里旅行和天猫平台正式上线，最大限度地实现功能需求多样化，与腾讯的合作首先以“NEXTIDEA 腾讯创新大赛”为平台，以表情设计及游戏创意为开端，探索传统文化 IP 的活化模式等。这些举措让故宫博物院“文化 +”的道路越走越宽广。

故宫博物院也在引领人们生活方式上做出探索，不仅做融入生活的文化创意产品，而且以传播生活美学为初衷的故宫文化体验中心“紫禁书院”也首次走出故宫，落户深圳盐田。肩负着“把故宫文化带回家”的使命和责任，紫禁书院以“图书、书画、文房、雅生活”为主题，用当代设计和创意，组成了充满传统书香味道的故宫当代文化空间。目前“紫禁书院”分院已经在景德镇、珠海、福州、武夷山、青岛等城市正式揭牌。今后将逐步在全国各地“生根发芽”，实现故宫文化多层次，多元化的传播和推广。

2017年，故宫文化创意产品和品牌也开展了国际性的推广实践。在国际方面，先后在“法兰克福国际文具及办公用品展览会”“威尼斯艺术双年展——中国官方主题平行展《记忆与当代》”“拉斯维加斯国际品牌授权博览会”等展会参展。在国内方面，参加了“中国非物质文化遗产传统技艺大展”“杭州文化创意产业博览会”“国际文物保护装备博览会”“海峡两岸（厦门）文化产业博览交易会”等展会。故宫文化创意产品还随同故宫博物院赴世界各国的展览，出现在世界各地的博物馆。

不仅如此，2018年5月，故宫博物院还在日本举办了一个特别的展览——“让文物活起来——故宫文创展”。集中展示故宫文化创意产品中的铜器、漆器、瓷器和木器等4个系列的部分内容。所有这些文化创意产品的创作，均来自故宫博物院文物藏品的文化资源信息，通过深入挖掘传统工艺技术，精心手工制作而成，是故宫文化创意产品中的精品，也实现了非物质文化遗产传承。

我们最重要的，就是寻找到了属于自己的文化IP。最后，关于如何搞好文化创意，我们有3个小窍门可以分享：调查研究、观察分析、活用创意。越是人们喜欢的产品，越要提升它的品质，才有助于形成品牌。现在人们对美好生活的需求日益增长，对文化创意产品的要求更高，不仅要具有文化内容，还要有足够好的品质，比如绿色环保、实用性强等。

如此，相信大家都能有“了不起”的文化创意。

“故宫”已经成为一个品牌

相信大家已经越来越感觉到“故宫”文化创意在社会的影响力。但是，我们也非常清楚，仅有文化创意还很不够。我们还需要更重视开放，让传统文化和互联网互动，形成对公众开放的文化空间、文化场所，尊重人们对文物保护现状的知情权、参与权、监督权和受益权等，使文物保护成为全民参与的实践，使博物馆成为学生的第二课堂。“故宫”要成为社会上的一个真正知名文化品牌。

除了延续传统的公众教育服务项目外，故宫博物院在社会教育方面已经打造出了品牌形象。每年开展有组织的各类公众教育活动达 25000 场次，直接参与观众 20 万人次。公众教育服务项目的代表性品牌包括“故宫讲坛”和“故宫知识课堂”等公众教育平台。

“故宫讲坛”为面对成年人的主题讲座。这个品牌的忠实粉丝既有年逾花甲的老人，又有青春活泼的年轻 90 后。授课专家以故宫博物院知名学者和中青年业务骨干为主。授课内容紧密围绕故宫文化，涉及古代建筑、文物研究与鉴赏、明清历史、文物科技保护、非物质文化遗产保护等诸多领域。有些热门专家的讲座深受听众欢迎，有听众甚至全程站着听完。2017 年，“故宫讲坛”荣获“特别受百姓喜爱的终身学习品牌”。

“故宫知识课堂”在 2006 年正式推出，面向青少年群体，因而更加轻松活泼，参与性更强，广受青少年和家长的好评。上万名青少年朋友来到“故宫知识课堂”参加活动，收获到知识和乐趣。

此外，我们还有专注于专业人才培训的“故宫学院”品牌。故宫学院于2013年成立，主要业务板块包括故宫博物院院内员工培训、国内博物馆界及相关业界培训、公众教育和国际培训，可谓“面向自身，面向行业、面向全国、面向世界”。培训内容涉及宫廷历史文化、文物鉴定、文物修复与保护、古建筑保护、博物馆实务等领域，兼顾知识与技能、理论与实践。故宫学院立足于服务故宫博物院，并将服务辐射到国内外博物馆及相关业界，逐步成为文博行业重要的人才培训基地。

我们的“故宫服务”也已经成为驰名品牌。近年来，故宫博物院一直在创造条件扩大开放区域，使越来越多风格各异的古建筑群与观众见面，满足公众对壮美紫禁城的参观需求；通过故宫古建筑整体维修保护工程、“平安故宫”工程，实现观众安全、故宫安全，为博物馆事业发展打下坚实基础；全面拆除彩钢房和临时建筑、拆除上千延长米的铁栏杆、恢复传统砖石地面、平整井盖、设置宫灯、广植花木，为观众提供整洁美观的参观环境；在服务管理方面加大改革力度，通过全网购票、每日限流、增设座椅、优化卫生间比例、设立母婴室，为观众提供更加完善的服务，树立“故宫服务”的理念和文化品牌。

2017年，北京市旅游委和故宫博物院等单位共同出版了《故宫服务》

故宫讲坛第一百讲特别活动（2017 年 2 月 12 日）

一书,全方位展示了故宫博物院近年来在提升观众公共服务上的一系列做法。“故宫服务”逐渐成为国内外博物馆和旅游目的地的服务案例。我曾经用“诚心”“清心”“安心”“匠心”“称心”“开心”“舒心”“热心”8 个词语，来总结故宫博物院应如何服务观众这一问题，其本质是要求故宫博物院要采用人性化、以人为本的服务理念，目的是让故宫文化资源走进人们的现实生活。对于我们来说这是一场管理革命，其核心理念为一切日常工作坚持以观众方便为中心，不同的服务理念必将产生出截然不同的效果。未来，“故宫人”将认真履行自己的使命与职责，将“故宫服务”这一理念和文化品牌做好做强。

目前，故宫博物院内设机构有38个部（处），其中，涉及故宫文化创意产品研发的共有4个团队：经营管理处、文化服务中心、故宫出版社、资料信息中心。其中故宫出版也已经成为非常响亮的文化品牌。

故宫博物院于1983年成立故宫出版社，负责出版故宫文化相关书籍，故宫出版社下设故宫文化传播公司，统一进行文化创意产品和出版物的宣传和营销。故宫出版社通过出版书籍、杂志、明信片等文化产品，让故宫文化“跃然纸上”。《故宫博物院藏品大系》所遴选的文物藏品件件都是世人罕见的珍品瑰宝，且多是首次面世，具有极高的学术研究和文化传播价值。《故宫博物院藏明清家具全集》，收录有故宫博物院藏家具近2000件，几乎囊括了明清家具所有种类，尤其是宫廷风格家具。《谜宫·如意琳琅图籍》则颇具创新地设计了“独特的实体书籍＋线上游戏的解谜体验”，使读者体味到故宫文化的新意境、新趣味。

在众多出版物中，较为知名的是《故宫日历》。2009年，《故宫日历》以1937年版为蓝本复刻出版。《故宫日历》是介绍故宫藏品、传播传统文化的普及读物，承载的是故宫的历史与文化，每一页的内容、文字、图片都经过精心挑选，力求以故宫博物院丰富的文物藏品、深厚的文化内涵展示中国传统文化的精华。《故宫日历》面世后不久，即成为文化创意界的“爆款”产品，并推出“中英文双语版”“定制版”等，也成为故宫文化创意产品的代表之一。

今天，故宫博物院这个品牌已经吹起文化传播的号角；今后，我们还将继续把这个品牌做大做强。让故宫文化走进亿万民众生活，走向世界各地。

后记 / 文化的力量

我从小在四合院里长大，没想到自己会到“世界上最大的四合院”来工作。四合院里春夏秋冬季节分明，可以接地气、望天空。

事实上，对故宫每一间屋、每一寸土的深情，并不是在我担任故宫博物院院长以后才放上心头的。1989 年，我儿子 5 岁。那会儿我的爱人在外国上学，平时由岳父母照看小孩，一到星期天，孩子归我管。他问我周末去哪儿啊？我说带你玩去，看皇帝住的地方，就把他带到故宫。第二个星期天，又带他去。等到第三个星期天，他已经不怎么乐意去了。一连 5 个星期天，我都是一边带孩子一边工作，把故宫的很多细节都进行了拍摄，仔细研究。我要把那些恢宏的皇家古建筑当成一本书去阅读，而不是当成一个景点去游览。

到故宫“看门”以后，每早 8 点，我都要向西沿故宫巡查一圈。媒体朋友们报道我，说我“第一个走遍故宫 9371 间古建筑房屋”，“第一个将故宫藏品数量精确到个位数”。我想，这是“看门人”应该做的。有一家媒体看我总穿布鞋，问这布鞋好买吗？我回答说刚在网上买了 20 双鞋。于是就演绎出了“上任之初的 5 个月内，穿坏了 20 双鞋”的故事。实际上，在故宫“看门”的这些年，我穿了也不止 20 双鞋。穿着布鞋走在故宫里，当朝霞满天的时候，当日落西山的时候，当月亮升起的时候，望着故宫，我心底就漫出一种静静守护故宫的幸福。

紫禁城的 600 年，承载了很多历史与记忆，更见证了时代的变化。当下，无论是博物馆界，还是与之相关的学术界、文物界甚至是媒体领域，都在思考改革，也都处在改革中。长期以来，博物馆人心里起急、嘴上抱怨，在这里展览的这些珍贵文物，既有历史又有文化，但是很多人宁可选择逛街，也不肯来博物馆看上一眼。当人们想到博物馆时，第一反应总是缺乏兴致，冰冷、单调成为展柜里文物的代名词，很多人只是匆匆在相机里留下几张影像便离开，更不必说有何收获。如何让故宫文化遗产资源“活起来”，是故宫博物院应该思考、研究和实践的重要课题。

在我看来，文物本身就是活的，岁月不会悄悄流过而没有痕迹，只是缺少我们去发现；文物的价值也不应该是由我们去发掘的，而是它们本身就存在的。即便在我们还不具备历史知识积累的时候，也应该保持这种好奇心去贴近它们，这才能使文物获得应有的尊严。我相信在此之后，我们会换一种方式看文物——文化远在器物之上。

今天，故宫博物院的建设和发展得到了社会各界的支持，故宫博物院要通过举办更好的展览、更丰富多彩的活动来回报社会。2019 年，故宫博物院接到通知，北京市要求把城市中轴线点亮。当时故宫博物院员工都已经开始休假，初三我们把相关的员工们请回来开始筹备，4 天的研发、8 天的安装，经过 12 天的努力，故宫博物院终于如期于正月十五第一次在夜间对观众开放，第一次在夜间大规模把紫禁城照亮。

人们登上故宫城墙，观赏串联起来的一系列展厅，包括午门雁翅楼内的“贺岁迎祥——紫禁城里过大年展”、东华门内的“营造之道——紫禁城建筑艺术展”、神武门内的“爱琴遗珍——希腊安提凯希拉岛水下考古文物展”，在展厅内还

可以观赏艺术家的表演。沿着城墙前行，可以看到灯光映照下金碧辉煌的紫禁城。走在城墙上可以看到《清明上河图》《千里江山图》被完整投影在古建筑屋面上的恢宏壮观，可以观赏畅音阁大戏楼里京剧艺术家的表演，可以在角楼里观赏 VR 影片的播放，走下城墙还可以欣赏被灯光投射在红墙上的“上元节诗句”。连续两个夜晚，故宫博物院接待了北京地区的劳动模范和预约前来的北京市民，同时，125 个国家的大使和外交官参加了这项活动。人们在夜色中的故宫博物院，获得了从未有过的文化体验。数百家中外媒体把故宫的迷人景色向全世界进行了大量推送，一个揭开夜晚神秘面纱的紫禁城，一个拥抱现代城市生活的故宫，一个为满足民众文化需求不懈追求的故宫博物院，以新的形象呈现给世人，呈现给世界。

明清两朝竖立天灯、万寿灯是宫廷内最重要的活动之一，但是自 1840 年鸦片战争爆发以后，清朝走向衰弱，就再也没有能力把天灯、万寿灯竖立在乾清宫前。2019 年是新中国成立 70 周年，故宫博物院重新把 11 米高的一对万寿灯、14 米高的一对天灯在乾清宫前竖立了起来。很多观众为观看这一景观而来，80 个国家的驻华大使齐聚万寿灯、天灯前合影。

为期 3 个月的“贺岁迎祥——紫禁城里过大年”展览闭幕了，经过辛辛苦

苦研发的万寿灯、天灯和宫灯不应从此消失，希望它们能够留存在城市中，为此故宫博物院举办了专场公益拍卖，并对社会宣布拍卖所得的全部资金捐献给国家级的贫困县，这一行动得到了社会支持，最终这组万寿灯、天灯和宫灯拍出了2000余万元，拍卖款项全部捐献给了广西、内蒙古等地的4个贫困县。虽然捐献数额并不多，但是我们感到非常自豪，以往博物馆都是被人们捐赠的对象，而今天故宫博物院已经可以捐赠别人，扶贫是今天中国最重要的时代任务，故宫博物院也能够光荣地参与其中，为全面建成小康社会做出贡献。

故宫博物院的实践证明，什么才是好的文化遗产保护状态？不是把文化遗产资源锁在库房里，死看硬守，而是应该让文化遗产重新回到社会生活中。因为文化遗产原本就是来自社会，由普通民众所创造。今天，要努力使文化遗产在人们的现实生活中再次展现出独特魅力，有魅力的文化遗产才能得到人们倾心地呵护，得到人们呵护的文化遗产才有尊严，有尊严的文化遗产才能成为促进社会发展的积极力量。当中华大地丰富多彩的文化遗产资源，经过系统梳理和科学保护，都能够成为促进社会发展的积极力量，就能惠及更多的民众，使更多的民众加入保护文化遗产的行列，这样才是好的文化遗产保护状态，才能形成文化遗产保护的良性循环。

今年春色胜常
此夜风光最可怜
鳷鹊楼前新月满
凤凰台上宝灯燃

故宫博物院的实践证明，什么才是一座好的博物馆？拥有大规模的馆舍、丰富的文物藏品、数量不断增长的观众，不是定义一个好的博物馆的标准。深入研究人们的现实生活需求，深入挖掘博物馆的文化资源，凝练出强大的文化能量，不断推出引人入胜的展览，不断举办丰富多彩的活动，使人们在现实生活中感受到博物馆就在自己的身边，休闲时间就会走进博物馆，走进博物馆后流连忘返，回去以后还要再来的博物馆，这才是一座好的博物馆。

“要系统梳理传统文化资源，让收藏在禁宫里的文物、陈列在广阔大地上的遗产、书写在古籍里的文字都活起来”。正是因为故宫博物院坚定不移地贯彻让文物“活起来”的理念，经过艰苦卓绝的努力，如今才能实现“把一个壮美的紫禁城完整地交给下一个600年”的庄严承诺。

美国大都会博物馆“中国：镜花水月”展新闻发布会

与意大利佛罗伦萨德国研究中心亚历山德罗·诺瓦主任在一起

与耿宝昌先生在一起

接待吴良镛教授参观故宫博物院

“太和·世界古代文明保护论坛”代表考察故宫文物医院

故宫养心殿古建筑维修保护现场会

国庆节观众服务团队

专题报告的热心听众

午门雁翅楼“贺岁迎祥——紫禁城里过大年”展览一角

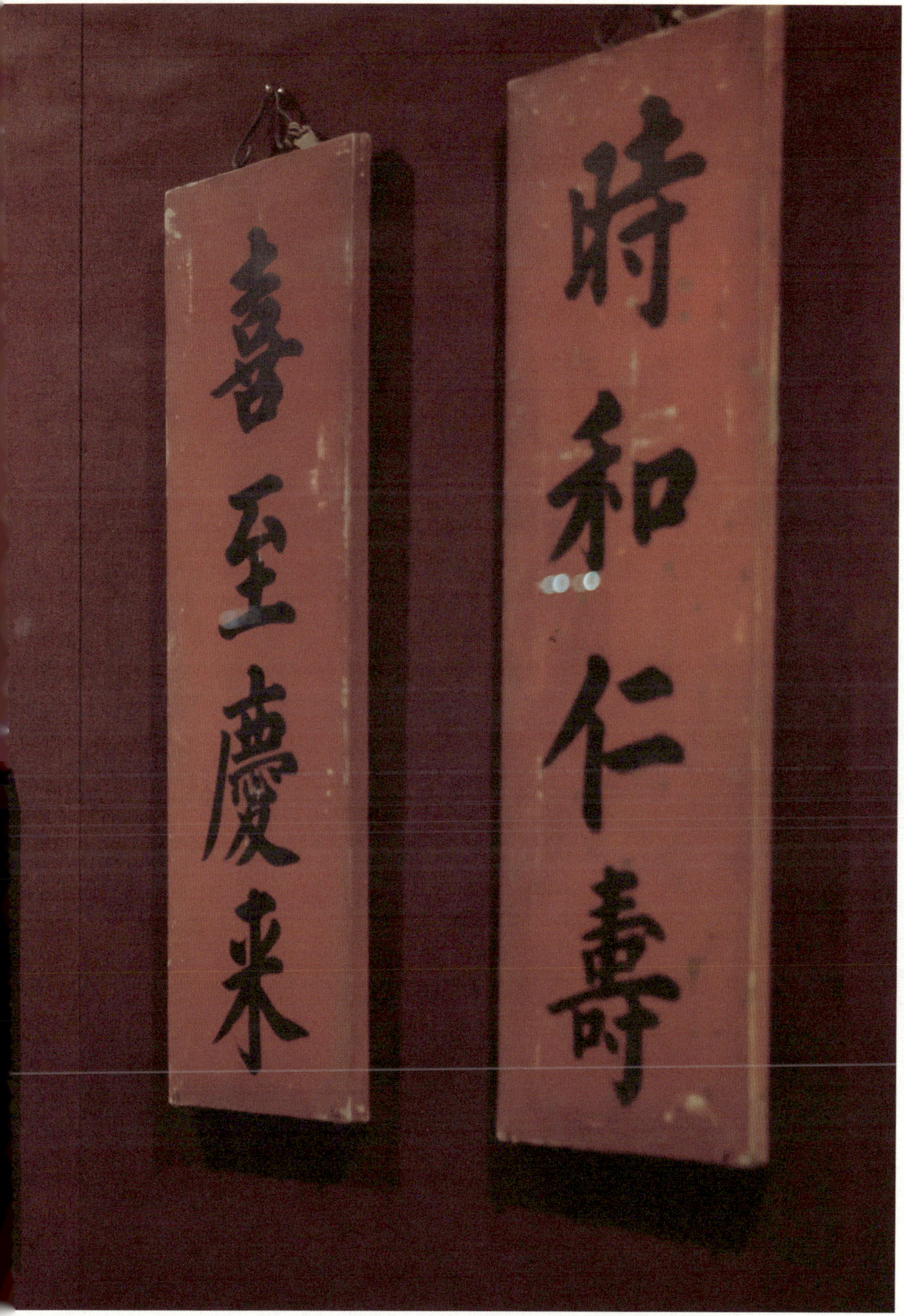
時和仁壽
喜至慶来

图书在版编目（CIP）数据

我是故宫“看门人”/ 单霁翔著 . - 北京：

中国大百科全书出版社，2020.4

ISBN 978-7-5202-0703-4

I. ①我…II. ①单… III. ①故宫博物院 -

工作 - 文集 IV. ① G269.263-53

中国版本图书馆 CIP 数据核字（2020）第 035405 号

著　　者：单霁翔

摄　　影：周高亮

出 版 人：刘国辉

策 划 人：蒋丽君

责任编辑：刘　杨　黄佳辉

特约编辑：陈　光

营销编辑：王　绚

责任印制：邹景峰

出版发行：中国大百科全书出版社

地　　址：北京阜成门北大街 17 号

电　　话：010-88390718

邮政编码：100037

设计制作：今亮后声 HOPESOUND pankouyugu@163.com

印　　制：小森印刷（北京）有限公司

字　　数：227 千字

印　　张：17.5

开　　本：787 毫米 ×1092 毫米　1/16

版　　次：2020 年 4 月第 1 版

印　　次：2020 年 9 月第 4 次印刷

书　　号：ISBN 978-7-5202-0703-4

定　　价：88.00 元